なぜ最近の若者は突然辞めるのか

ツナグ働き方研究所 所長
平賀充記
HIRAGA ATSUNORI

アスコム

□ 優秀な部下ほど急に辞めてしまう
□ 仕事が頼みづらくて作業が増える
□ 面談はしているけど部下のガス抜きで終わる
□ 腹を割って話したいけど飲みに誘っていいかわからない
□ パワハラが気になって指導がしにくい

ひとつでも思い当たったら、この本を読んでみてください。

「若いやつに気をつかわないといけないのが、とにかく疲れる」

深いため息とともにそうこぼしたのは、20代の部下を抱える、とあるマネージャーです。彼は、心底困り果てたといった表情で「もう、どう接したらいいのか、わからんよ」と言います。この本を手に取ったみなさんにも、思い当たるところがあるのではないでしょうか。

「パワハラ」や「メンタルヘルス」「ブラック企業」「ブラックバイト」といった言葉がニュースを賑わせる昨今、いつ自分が当事者になるかわかりません。**ちょっとキツく叱ったら思った以上に部下が傷ついてしまった**、なんて話はよく聞きます。

仕事も頼みにくくなる一方です。「どうすればいいんですか？　ってすぐに答えをほしがる」「きっかり言われたことだけしかやってくれない」というのは、マネジメント層の人たちの定番のグチ。これでは仕事を頼むほうが手間になってしまいます。

しかも、いろんなことを気づかって、我慢もして、手厚くケアしていたつもりでも、それが報われるとは限りません。

頑張ってるなと思っていたら、突然辞める。
デキるやつほど、あっさり辞める。

若い人材が売り手市場の今、若者は躊躇なく離職します。20代で4社目、5社目という人も珍しくありません。そんな若者に職場のオトナは振り回されるばかりです。

いったい、どうすればいいわけ？

悩めるオトナを日々のストレスから解放するために、私はこの本を書きました。

たった20のキーワード。これをいくつか知っておくだけで、若者マネジメントはグッと楽になります。

詳しくはぜひ本編を読んでいただきたいのですが、例えば**「いいね！社交界」**に慣れた彼らは、実はめちゃめちゃ褒められたいわけではありません。ただし自分の存在を認めてくれる「細やかなレスポンス」がないと不安になります。

「タイムパフォーマンス」にこだわる彼らは、実は長々と説教されて時間を奪われるよりも、短い時間でビシッと激しく叱られるほうがよっぽどマシだと思っています。

「福業」を志向する彼らは、出世やインセンティブを追いかけるよりも、目の前の顧客が喜んだり、社会のためになることにモチベーションを感じます。

こんな具合に、若者の「心の中」を20のキーワードを切り口にして「若者生態図鑑」のように整理しました。

彼らの常識や価値観は、私たちオトナのそれとは大きく異なっています。

きっとみなさんにも**「ああ、あいつこんなこと考えてたんだな」**とか**「もしかしたら、あいつはこうしてほしいのかもな」**という、職場の若者の深層心理が見えてくるはずです。

そしてそれがわかれば、若者に気をつかう局面が減っていきます。不満なのかもしれない、パワハラと思われているかもしれない、などという**「見えない敵」と戦わなくてよくなる**からです。

自己紹介が遅れました。

私は、アルバイト・パートを中心とした多様な働き方を研究するシンクタンク、ツナグ働き方研究所の所長を務めています。リクルート社で『FromA』や『タウンワーク』といった求人メディアの編集長を歴任しながら、その時代ごとの若者の価値観に触れてきました。若者の仕事観を調べることはライフワークとなり、彼らの採用や育成、定着について、多くの企業に対してコンサルティングを行っています。

今回この本を執筆するにあたっても、**何度も若者やマネジメント層に話を聞き、その生の声を本の中にふんだんに盛り込みました。**マーケティングや社会学の領域で書かれた「若者論」はこれまでにいくつもありましたが、**「職場の若者」にフォーカスして現場目線で若者の「なぜ?」に迫っている**のがこの本の特徴だと思っています。

なぜ最近の若者は突然辞めるのか。
わがままだから？　転職し放題だから？　我慢がきかないから？

いいえ、そうではありません。職場のオトナと若者の考え方や価値観が残念なくらいにすれ違っていて、**じわじわと「辞めたいメーター」が上昇していくのを止められていない**からです。

この本は、
「若者が理解できない」というオトナと
「オトナはどうせ理解してくれない」という若者
双方をつなぐ架け橋になるものだと信じています。

ひとつでも多くの職場から、不幸で不毛なすれ違いがなくなることを願って。

第1章

退職、休職、バイトテロ。若者、取扱注意

第2章

オトナVS若者。世代間ギャップ2.0

第3章

「SNS村社会」から若者のナゾを解く

第4章

オトナは若者とどう向き合うべきか

フラット目線　若者はお客様のためなら頑張れる　166
レスポンス　「フィードバック」はわかりやすく　168

第5章

令和における職場はプラットフォーム化する

第1章

退職、休職、バイトテロ。若者、取扱注意

最近の若者はすぐ辞める？

「すみません、来月いっぱいで辞めようと思います」
「え？　マジで言ってる？」

やっと仕事も覚えてきた。これから戦力として楽しみだ。そう思い始めた頃、職場の若者から、突然の離職を切り出される。ただでさえ人手が足りないのに、どうすりゃいいんだ……。こういう悩みをよく耳にします。

確かに「最近の若者はすぐ辞める……」という声は、あちこちから聞こえてきます。悩んでいたのなら、なんで一言相談してくれないんだ……。職場の若者が去っていくたびに、そんな想いに駆られる方も少なくないでしょう。

また、昔の人はもっと我慢していた、ゆとり世代の若者はこらえ性がない、時代が

就職後3年以内離職率の推移（大学卒）

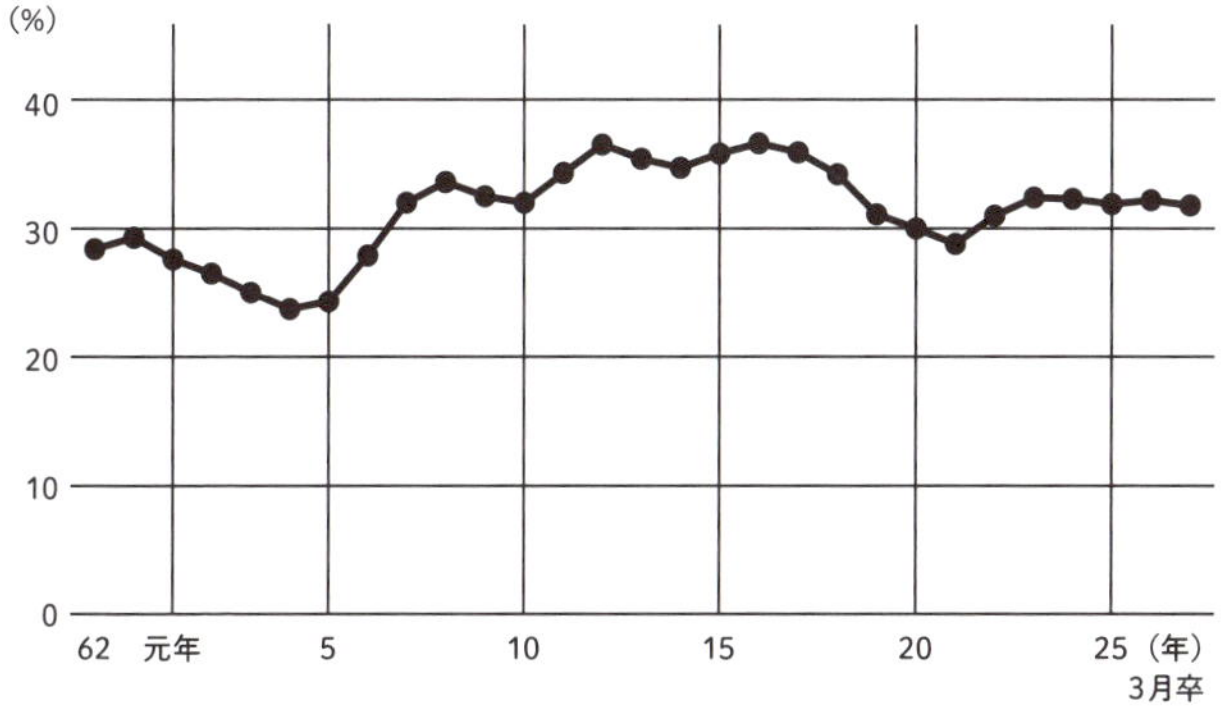

出典：厚生労働省「新規学卒者の離職状況」

変わったな、などと嘆く方もいらっしゃるでしょう。

実際はどうなのでしょうか？

よく新卒は、3年で3割辞めると言われます。厚生労働省の「新規学卒者の離職状況」によると、平成27年3月のスコアは31・8％（大学新規卒業者の3年後離職率）。30年前からのデータを見てみても、バブル崩壊の翌年、平成4年が最も離職率が低く（23・7％）、逆に最も高いのは平成16年の36・6％という結果に。いずれにしても、3割前後で推移していることに変わりはありません。

つまり**３年で３割辞めるのは30年前からほとんど変わらない傾向**なのです。それでは、なぜ、こうも「最近の若者はすぐ辞める」と言われるのでしょうか。

「辞めます」は、ある日突然に

ここでひとつ、退職に関するデータを紹介します。これは、転職経験者に対して、職場に退職理由を伝えたタイミングを尋ねたアンケート調査の結果です。

25歳以下の場合、４割近い人が退職理由を伝えるのは「退職を決めたタイミング」だと回答しています。つまり、退職を心に決めてから、理由とともに職場に伝えているということです。

また、大手転職サイト「リクナビＮＥＸＴ」が転職成功者１０００人に聞いたアンケートでは、「会社に在籍しながら転職活動した」という回答が63％を占めています。もっともこの傾向は以前と変わりません。特段、今の職場に不満がなくても転職紹介

職場に退職理由を伝えたタイミング

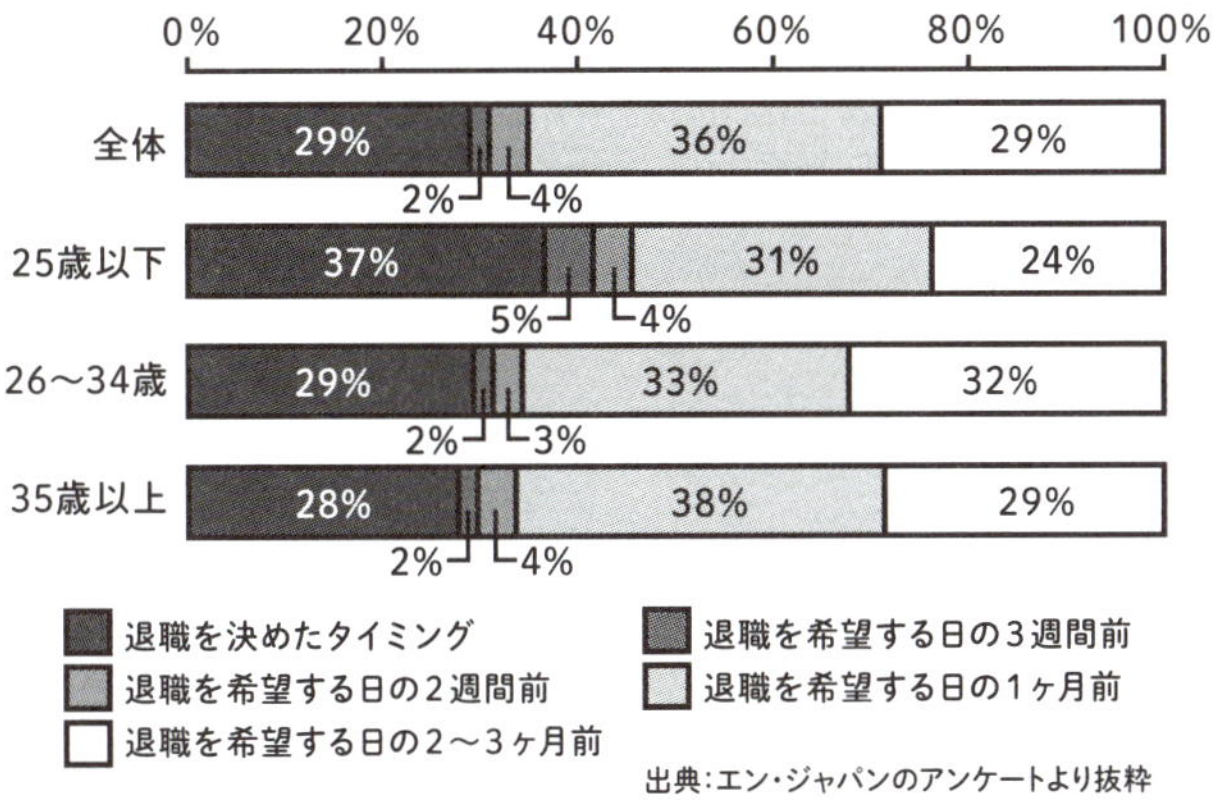

出典：エン・ジャパンのアンケートより抜粋

会社に登録している若者は少なくありません。

しかし世はバブル期を超える深刻な人手不足時代。超売り手市場の中で転職者は引く手あまたです。知名度が高いブランド企業が、今の職場より好待遇で募集を出しています。今よりステップアップできると思える職場から、オファーがいっぱい来るとしたら。この採用環境が、若者の離職を後押ししているのは間違いありません。

整理してみましょう。若者は「辞めます」と切り出すずっと前から悩み、転職活動を始めます。そしてこのご時世、今より（スペック上で）よい（と思われる）次の職場が見つかります。その段階で職場に打ち明けるわけです。**辞めます宣言が出てしまったら、すべてはもう後の祭り。考え直してくれることは、ほとんど望めません。**

「先月まであんなに頑張っていたアイツがなんで急に……」

管理職サイドからすれば、〝突然〟に〝いなくなったら痛い〟若者が辞めてしまうわけです。そのため離職率の数字以上に大きなダメージを感じるのかもしれません。

メンタル、休職、バイトテロ。職場崩壊？

また、最近は離職問題だけでなく、えー？　と驚くような、突発的な「事件」が職場にはあふれています。そしてその大半が若者がらみだったりします。

例えば、「急に職場に行けなくなってしまった」という休職。「先週の面談では、全然元気で大丈夫だと言っていたのに……」などと突然発生するのが、よくあるパターンです。

それから、「なんでそんなことやっちゃったの⁉」と言いたくなるようなトラブル。

よく聞くのは、お客様に「了解しました！」などの軽い返事をメールでしてしまったような話です。私が実際に話を聞いた、大手メーカーのマネージャー（男性・41歳）も、「お客様との関係性が十分にできていない状態なのに、平気で軽い文面のメールを送ってしまう。気が気じゃない」とこぼしていました。当の若者自身は、それが大問題になるリスクに気がついていないと言います。

悪ふざけ動画が大炎上した、いわゆる「バイトテロ」は、こういったリスクに気づかないトラブルの極端な例といえるでしょう。**「こんなことになるなんて思わなかった」というのは彼らの本音**です。実際に炎上しないとわからないのです。

ちなみにアルバイト・パートなど非正規雇用の労働者は、「半年で半分辞める」というデータがあります。新卒正社員の「3年で3割辞める」の比ではありません。流動性の高い働き方とはいえ、かなりショッキングなデータじゃないでしょうか。アルバイトの職場も、今、相当に病んでいます。

若者が感じる「やってらんねー」

では、若者たちはストレスフリーで好き放題にやっているのかというと、実はそうではありません。少なくとも、彼らに悪意がないことは確かです。

私も、若手の部下を抱えるオトナ世代の一人です。これまで30年以上、求人メディアや採用コンサルティングの仕事に携わり、職場の若者について研究を重ねてきました。大学生や、企業の若手社員と接する機会が多々あり、若者たちの「こういう職場で働きたい」という声を、誰よりも多く耳にしています。今回、本書の執筆にあたっても、アルバイトをする学生や若手社員から実際に話を聞いて、彼らの状況や心情をリサーチしました。

若者たちの話から確実に見えてくるのは、彼らもまた年の離れた先輩や上司に対して、「なんだ、この人？」「やってらんねー」と絶望している現実です。

ただ、彼らはそうした本音はなかなか口にしません。もちろん、上司や先輩にズケズケと文句を言うわけにはいきませんし、腹の中では「どうせ、話したってムダ」と思っているからです。

ですから、私たちの目には彼らが「よくわからない人たち」に映ってしまいます。そして、いつの間にか不満を募らせ、やっと相談に来たかと思えば「辞めます」と言う。こうしてオトナたちの苦悩は、なおさら深くなっていきます。

オトナがよかれと思って言ったりやったりしていることが、若者たちには「やってらんねー」になってしまう、この不幸な現状。職場では、オトナの若者に対する「なぜ？」「どうして？」があふれています。オトナには、彼らの心の中がさっぱりわかりません。

いったい何が若者の「不満ポイント」になっているのでしょうか？　３つほど「よかれと思うオトナ」vs「それが不満な若者」になってしまっている典型的なケースを見てみましょう。

CASE1 「メール送付のリマインド」問題

生活用品メーカーの営業部。

浜野課長（男性・44歳）は、昼の休憩から戻った入社2年目の中島くん（男性・24歳）に声をかけた。お客様から依頼された注文内容の変更の件についてメールで報告があったが、口頭での報告がなかったからだ。

「中島、ちょっといい？　あのさ、大事なことはメールだけで済ませないほうがいいよ。申し訳ないんだけどさ、俺には1日に何十通もメールが届くんだよね。もし埋もれちゃってたらさ、お客様にも大きな迷惑をかけることになるでしょ？　メールを送ったら一声かける。そのほうが丁寧だし、後でトラブルにもならなくて済む。受け手の立場になって想像力を働かせてみてほしい。たかがメールと思うかもしれないけど、こういうのって一事が万事だからさ」

中島くんは、「申し訳ありません」と謝ったが、いまいち納得していない表情だった。

このケースでの両者の言い分は、こうなります。

浜野課長の言い分

最近の若いやつは、丁寧なコミュニケーションができないんだよな。こういうホスピタリティが発揮できてこそ、一人前のビジネスマンだっていうのを、教え続けなきゃいけないんだろうな……。

「メールを送ったので確認してください」と念押ししておくことは、仕事を円滑に進めるうえで大事なプロセスだ。社内コミュニケーションだけじゃない。お客様との関係性構築にも役立つ気配りだ。

だいたい、**メールを一方的に送っておいて何もフォローしないなんて失礼**だろ。何か問題があったときに「メール見てなかったんですか？」なんて相手のせいにできるわけない。

中島くんの言い分

一声かけなかったほうが悪いっていうなら、メールを送る意味なくね？確実に一度で伝わって、ちゃんと履歴も残るからメールがいいわけでしょ。それに浜野さんが席にいないことだって多いし、報告が遅くなったら今度は「遅い！」って怒るじゃんか。

そもそも、なんで見落とす前提になってるわけ？「俺は見落とすんだ！」って、自分は能力がないってそんなに偉そうに言うこと？**仕事のメールなんだから見落としちゃダメ**でしょ。俺が浜野さんのメールを「見てませんでした」とか言ったら絶対怒るよね。

いかがでしょうか。もちろん浜野課長もメールを軽んじているわけではありません。メールに口頭報告をプラスしてほしいと言っているわけです。しかし、中島くんの主張も正論ではないでしょうか。

1日に何十通、いや百通以上ものメールが届くのが当たり前の時代。これは私たちの世代には、確かにうっとうしいですよね。かくいう私も、つい見落としてしまうのではという恐怖の中で日々を送っています。でも、**若者たちはスマホを武器に、毎日もっと多くの情報を得て、それを超高速で処理しています**。そこでは、「見ていて当たり前」であり、見落としたほうが悪いのです。

一方で、上司からすると「自分の若い頃は、上司や先輩の都合に合わせて臨機応変に対応してきた」という自負があるのかもしれません。でも「そういう対応や気配りができるのが、仕事ができるやつだ。だからお前のためにオトナのマナーを教えてやってるんだ」などと思っていたら大間違い。若者は**「俺が先輩なんだから、角のコンビニでパン買ってこい」と言われるスクールカーストと同等の不条理**を感じています。

CASE2 「やる気アップのインセンティブ」問題

とあるアパレルショップ。四半期に一度のキックオフが行われている。そこではアルバイトのモチベーションアップのために、前期の「売上ナンバーワン販売員」を大々的に表彰するのが恒例だ。

「第2クォーターの売上ナンバーワンは、加藤さんです！」

上田店長（男性・36歳）は、アルバイトとして1年前に入った加藤さん（女性・20歳）の名を呼び、みんなの前に出るように促した。

「はい。なんか、すみません……」

「加藤さんは入って1年くらいだけど、勉強熱心だしサボらない。追い抜かれちゃった先輩も、また取り返すぞという気持ちで切磋琢磨《せっさたくま》していってください。じゃあ、加藤さんから、何か工夫したこととか、一言お願い」

たたえられているはずの加藤さんは、どこか居心地が悪そうにしていたが、指名されたので仕方なしに話し始めた。

「ありがとうございます。そんなに工夫したとか、私なんかが偉そうに言えるようなことはなくてですね、たまたま、うまくいったんだと思っていて……。あの、これが続くように頑張りますので、よろしくお願いします。すみません」

なぜか表彰された人の謝罪で終わるという微妙な空気の中、会は次の段取りへといつも通り進んでいった。上田店長は過剰なくらい謙遜する加藤さんを見て、**「これはもっと彼女を盛り上げて、自信をつけさせないとな」と課題を胸にしまう**のだった。

さて、ここでもまた残念なズレが起こっています。

上田店長の言い分

最近の若い子は承認欲求が強いから、褒めて褒めて伸ばしてやらないと。**やっぱりご褒美こそがモチベーション**だよな。ちょっと叱るとすぐ心が折れちゃうし。でも自信さえつけば、もっともっと成長してくれるはずだ。

加藤さんはなんだか気まずそうにしていたけど、結果を出しているんだから、あそこは堂々としていてほしいんだよな。彼女がバリバリやることで、他のスタッフにも活気が出てくるんだから。

加藤さんの言い分

ホント、勘弁してほしいなあ。うれしくないことはないけど、なんか大げさすぎるんだよね。

あれじゃあ、**私だけ意識高い感じがするし、なんか、いい子ちゃんみたいに思われてたらどうしよう。**「先輩も加藤さんに負けないように」みたいなこと言って、マジ最悪。あー、また明日から先輩に気をつかわないといけないじゃん……。めんどくさ。

このケースはオトナと若者が真っ向から対立しているわけではないですが、上田店長は加藤さんの胸の内をうまく汲み取れていないし、加藤さんも上田店長の意図を感じ取ってはいません。

目標とインセンティブによる「ニンジン作戦」は、若者にはいまいち響かないようです。オトナ世代、特にバブル経験者なんかだと、残業だらけでも目標達成してインセンティブもガッツリ、それで「やったぜ！　うぉー」みたいな、まさに体育会系ノリもよくありました。しかし今そんな調子だと、おそらくドン引きでしょう。

それから「褒めないといけない」というのも、実はちょっとズレています。もちろん若者は認めてもらうことはうれしいのですが、一方で悪目立ちすることをとても嫌います。**自分アピールが強すぎると叩かれる**。若者はそんなリスクマネジメントをしているのです。ですから「加藤さんってこんなにすごい」とやたらに推されるのが、恥ずかしいうえにリスキーなのです。

CASE 3 「仕事なんでもテンプレ化」問題

中堅食品会社の商品開発部。

商品開発部は花形部署であり、いくつかのチームがそれぞれ新商品の開発を巡りしのぎを削っている。

「女性に喜ばれる商品開発」を担うチームでリーダーを務めている木村係長（女性・40歳）の下には、新しく配属になった新人の藤原さん（女性・22歳）がいる。真面目な子なのだが、**すぐに答えをほしがる**のがイマドキだ。

「私たちの頃は、すっごい厳しかったんだから」

ことあるごとに、つい口にしてしまう。今ほど**丁寧に仕事を教えてくれることはなかったし、先輩のやり方を見て盗んでいくのが当然。その姿勢が今の若手には足りないのではないか**と悩んでいる。

先日も、ある案件の市場調査を藤原さんに頼んだら、予想通りの答えが返ってきた。

「市場調査って初めてなんですけど、どういうデータを調べたらいいんですか？」

「うーん、藤原さんが必要だと思うデータでいいよ。まずは自分で考えてみてよ」

「え、ああ、はい……。そしたら、過去に作った調査書類のテンプレみたいなの、どこかにないですか？」

「あると思うけど、別に形が重要なわけじゃないから、まずは簡単にでも自分で作ってみてほしいの」

またこの問答か。以前にも社内資料のテンプレをほしがったので渡したら、肝心な人の名前を直し忘れていたことがある。もうちょっと考える習慣を身につけてほしいんだけど……。


この木村係長の気持ちは、よくわかる人が多いのではないでしょうか。

木村係長の言い分

最近の若い子って、とにかく答えを知りたがる。私からすれば「わからないので教えてください」なんて、恥ずかしいくらいだ。むしろ言われたこと以上のことをなんとか返して、それで認めてもらいたいって気持ちのほうが強かったけど。

正直、答えまで教えていたら時間がもったいないし、他の人に頼んだほうがよっぽど早いじゃない。だけど**育てていくことも私の仕事だから、なるべく考えさせようとしている**のが伝わらないんだろうな。

とにかく、どうしたいのかよくわからないのよ。言われた通りの作業はやりがいがないとか言うくせに、考えてと言ったらテンプレがほしいと言う。それで「この職場では成長できない」とか言い出したら、本当に頭にきちゃうかも。

藤原さんの言い分

答えがあるなら、まずそれを参考にするほうが無駄がなくていいと思うんだけど。考えてって言われて考えて出したこともあるけど、結局いろいろ直されて木村係長の答えになったじゃない。その間の私の時間と手間ってなんなの？　考えることが大事なのはわかる。だけど、それとテンプレを使わないことは違う話じゃない？　考えなくていいところは省いて、考えるべきところに時間を割くべきだと思う。

若者は言われたことしかやらないとか、「教えてもらってないのでできませんでした」と平気で言うとか、そんな意見を本当に多くのオトナから聞きます。しかし私がインタビューした若者たちからは、こんな声も多く聞かれます。

「とりあえずやってみてと任されるほうが、やりがいを感じるんですよね」

えー？　全然違うじゃないか！　と思いますよね。

女子大生のIさん（20歳）はこんなふうに話していました。

「仕事を投げられるのは、すごい好きかも。とりあえずやってみろ、みたいな。そういうふうに言われると、とりあえず自分の裁量でやってみます。それでダメだったら戻してくれれば、という感じがいいです。逆に、全部手順が決まってるとやる気がでない。宅配チェーン店のバイトは、マニュアル通りの作業しかなくて、つまらなくて辞めました。私じゃなくても、マニュアル読めばできるし」

自分で考えた結果、結局いつもと同じ答えになるくらいなら、考えるだけ無駄。そうではなくて、自分の考えた結果が成果物にちゃんとつながるなら意味がある。おそらく、そんなところが若者にとっての線引きなのです。

若者はITで武装している～オトナの経験値が威厳を失う危機

お互いに理解できないオトナと若者。このすれ違いが、職場のあらゆる場面でハレーションのもとになっています。オトナからすれば、若者たちに対して、我慢がきかなくなった、社会常識がない、マナーや礼儀を知らない、などと言いたくなるところでしょう。

ただ、今職場でマネジメント層が抱えている悩みは、それだけではありません。昔に比べて、「なんかやりにくい」という意識があるのです。

ひとつは、職場における**オトナの経験値が、相対的に価値を失いつつある**ことです。わかりやすく言えば、**若者はテクノロジーの力で、オトナが培ってきた経験や知識を、軽々と飛び越えていく**ということです。

ＧＡＦＡ（ガーファ）という言葉を聞いたことがあるでしょう。ご存知のように、アメリカに本拠を置く、グーグル、アマゾン、フェイスブック、アップルの４つの主要ＩＴ企業の頭文字を取って総称する呼称です。単に大規模なＩＴ企業ではなく、大きな社会的変革を推進しているという意味で、カテゴライズされるようになりました。

今の若者は、ＧＡＦＡの申し子です。スマホを持ち歩き24時間常時接続、フェイスブックで友達とつながり、わからないことがあればすぐにググる。参考資料が必要になれば、アマゾンでポチる。

彼らの頭の中に知識が蓄積されているわけではありません。しかしＧＡＦＡに代表されるテクノロジーとタッグを組んでしまえば、自前の知識が豊富かどうかなど意味をなしません。

オトナが長年かけて築いてきた知見も、ちょっとググれば、パッと探し出せる。私たちの10年、20年をあっという間に無に帰すテクノロジー。テンプレ問題も根っこは同じです。どれだけ時間と経験を重ねて渾身の力で企画書を作り上げたとしても、そのノウハウはテクノロジーで簡単にシェアできてしまいます。**先人がたどり着いた答えをシェアすることが合理的**。これが若者です。

だから極端な話、**積み上げた知識が１００あっても、テクノロジーを使いこなす力が10しかなかったら、若者から見ると「仕事ができない人」と同義**だったりするわけです。これでは仕事における優位性は保てません。単純な知識ではない部分でオトナが価値を示さないと、若者はついてこない。そういう時代なのです。

若者の見た目が均質化している
〜誰がやらかすのか見抜けない恐怖

若者のどこに地雷が埋まっているのか。これが見た目でわかりにくいのも、オトナにとっては、やりづらいポイントです。誰がやらかす問題児かわからないんです。バイトテロで炎上したアルバイトの子たちが、例えばどこから見ても昔のヤンキーみたいな見た目だったら、外見を基準にリスク管理をするでしょう。警戒して、そもそも採用すらしないかもしれません。人を見た目で判断してはいけないとはいいますが、見た目はひとつの指標にはなります。

暴走族、不良、ヤンキー、チーマー、コギャル、ヤマンバ……。昔は、際立ったファッションや髪型で個性を主張する若者がたくさんいました。しかし昨今は、社会や体制への反骨精神を示すのに、わざわざ髪を逆立てたり、制服を改造する必要はありません。SNSという装置で意思表示すればいいのです。見た目でなくSNSで個性を表現するのが主流。**おおっぴらにイキがってみせるなんてダサすぎ**。これが現代の若者です。

また、若者は彼らなりのTPOに合わせて巧みに「キャラ」を演じ分けています。私たちオトナも家庭でのキャラと職場でのキャラは違ったりするものですが、若者はもっとたくさんのキャラを持っていると思っていいでしょう。なにしろSNSでは3つも4つもアカウントを使い分けて、それぞれの仲間うちでの自分のポジションを探しながら、コロコロとキャラを変えます。あるコミュニティではのび太くんなのに、別のコミュニティではジャイアンだったり、あるいは出木杉くんだったりするわけです。

当然、職場におけるキャラクターは人それぞれですが、オトナ相手に見せるキャラの裏側には、私たちオトナが思う以上のギャップがあります。

見た目は均質化しているのに、キャラは細分化している。このあたりは、詳しく後述しますが、そんな「最近の若者」は、以前にも増してオトナにとって正体不明の存在になっているのです。

働き方改革の功罪

昔は、いくら若者がよくわからなくても、職場では「いいからやれ」が通用していました。上意下達の不文律があり、オトナの「俺についてこい」がまかり通っていたわけです。私自身、若い頃はいろいろと不満がありながらも、とにかく上に食らいついていって、結果的に仕事をものにする感覚はありました。ですから経験豊富な先輩や上司の「いいからやれ」には意味があったんだと私は思います。

ところが今は、「いいからやれ」なんて、とても言えない状況になってしまいました。世間では「メンタルヘルス」や「長時間労働」「パワハラ」「やりがい搾取」などが、散々問題になっており、人手不足の状況もあって「人を大事にするマネジメント」が求められています。平成31年4月からは、残業時間の上限を規制する新たな法律が施行されました。もちろん、それらは正しいことなのですが、マネジメントが以前より難しくなっていることも確かでしょう。

ちょっとキツく叱れば「パワハラ」。

ちょっと根性論で頑張ろうと言えば「やりがい搾取」。

残業はさせるな、仕事は終わらせろ。

もう、がんじがらめです。

部下が辞めたり休んだりすると、決まって管理者はこう責められます。

「ちゃんとケアしていたのか。何が問題だったか把握できているのか」

もちろん事前に兆候をキャッチできていれば、「突発的な事故」に遭うこともないでしょう。しかし若者の心の中は、オトナ世代にはなかなか見えてきません。なにしろ飲み会にも、なかなか付き合ってくれないわけで、悩みや本音を聞きたくても聞けないのがオトナの実状でしょう。

職場の若者は「コワレモノ」。扱いにくさ5割増し

何人かのマネジメント層に「若者の何に一番悩んでいるのか」と聞いてみたら、こんな回答に多くの票が集まりました。

「めちゃめちゃ気をつかわないといけないのが、一番しんどい」

立場が上のはずのオトナが若者に気をつかわないといけないという、妙な逆転現象が起こっているのです。

まるで腫れものに触るように若者と相対せざるをえません。宅配便の「コワレモノ」状態です。どうしたって辞めてしまう若者もいるとはわかっていても、実際に戦力として期待していた人材が急にいなくなると、単純に自分の仕事がきつくなってしまい

ます。それに「もしかして自分のせいなのかも」と思うと、心理的な負担にもなるでしょう。

若者がなぜ不満をためるのか、どうすればやる気になってくれるのか、上司に何を求めているのか。そんな心の中が見えずに悶々《もんもん》としていては、ストレスがたまる一方です。

結局のところ、「最近の若者はすぐ辞める」のが、職場における一番の悩みではないのです。辞められるのはもちろん痛い。しかしそれよりも、**辞められることに対してビクビクしている日常、辞めさせないように気をつかいまくる日常、そんな職場での気疲れのほうが、なにより悩ましい**のです。

ちょっと接し方を間違えると、突然辞めたり病んだりする。
パワハラやブラック企業に敏感だから仕事も頼みにくい。
経験から培った仕事力が若者相手に通用しない。

誰がどんな「裏キャラ」を持っているのかわかりにくい。
飲みに誘っていいかもよくわからないし、本音が見えない。

若者に気をつかいながら、自分の仕事ばかり増えていく。寄り添ってあげなきゃ、とは思うものの、こんな気疲れする日々からは抜け出したい。いったいどうすれば、若者とうまく付き合い、お互いにストレスなく働くことができるのでしょうか。

第 2 章

オトナVS 若者。世代間ギャップ 2.0

繰り返されてきた「今どきの若いやつは」議論

突然の退職、休職、バイトテロ……。令和の職場は、なかなか大変なことになっています。いつ何が起こるかわからない職場で、その当事者である若者をどう取り扱っていいのか、オトナは困り果てています。

しかし「今どきの若いやつは」というオトナの嘆きは、今に始まったことではありません。**若者に対する批判めいた論調は、いつの時代も存在しました。**

俗説では、「今どきの若いやつは」の最古の例は約５０００年前の古代エジプトまで遡る、といわれています。遺跡の壁画から見つかった粘土板でできた書簡に、「最近の若者はけしからん。俺が若い頃は……」と、ヒエログリフ（象形文字）で彫られていた、というのです。

古代ギリシアの哲学者として有名なプラトンも「最近の若者は……」と嘆いていたとか。これは、プラトンの対話篇『国家』に記されていた彼の言葉が元であるといいます。プラトンは、「最近の若者は　目上の者を尊敬せず　親に反抗　法律は無視　妄想にふけって　道徳心のかけらもない　このままだとどうなる？」と、若者が年長者を敬うこともせず、これでは今後どうなっていってしまうのかと、危惧していたそうです。

もっとも、これらの説には誤りや曲解が多いらしく、その真偽も曖昧です。しかしながら、「今どきの若いやつは」論が、人類史が始まった頃から存在していたというのは、ちょっと面白くありませんか。いずれにせよ、いつの時代にもこういう議論が交わされるということは、普遍的なそれなりの理由があるってことです。人間は、**年齢を重ねるほど〝自分の人生経験〟という一定の枠組みにとらわれてしまいがちです**。だから〝新しい時代の先端〟を行く若者の行動を受け入れる柔軟性が失われてしまうのです。

つまり、オトナが今どきの若者を嘆くというのは、オトナが自分たちを正当化するための方便ともいえます。時代についていけないことを無意識のうちに察しているからこそ、いつの時代もオトナは嘆いてみせるわけです。

オトナvs若者の世代間ギャップは、古今東西、生まれるべくして生まれた溝だということです。

新人類と呼ばれて

ちなみに私も、今どきの若者は……と言われてきたクチです。私の生まれた世代は「新人類世代」と呼ばれていました。高校に入学したあたりの昭和後期（1970年代後半）、当時の私たち若者は、オトナたちから「ちょっと変わった感性の奴ら」というレッテルをべったりと貼られてしまいました。

ちなみに当時、流行したアニメ『機動戦士ガンダム』の主人公アムロは、ニュータイプと呼ばれていました。それまでの強くたくましいヒーロー像を覆すような、ナイーブなキャラ設定で、まさに時代を象徴するアイコン的存在でした。

そして昭和末期（1980年代終盤）からバブル景気に突入していきます。社会が豊かになってきて、カルチャーが成熟していく時期でした。ロックやテクノが流行り、のちにはジュリアナに代表されるディスコブームが到来。漫画やアニメ、ビデオゲームも世間に浸透していきました。

当時は経済的にも時間的にも「オタク」や「サブカル」を受け入れる余裕があったのだと思います。テレビのバラエティ番組も今だったらクレームが殺到するような企画が目白押しで、悪く言えば倫理観がハチャメチャ、よく言えばおおらかでした。

ついでに言うと、尾崎豊なんかが同世代にあたり、「体制や社会に縛られないで自分らしく生きるんだ」と叫んじゃうような気分が漂っていた時代でした。「フリーター」という言葉が生まれたのも、まさにこのとき。いつの頃からか、「フリーター＝正社員になれずアルバイトで生計を立てる人」というイメージが定着してしまいましたが、登場した当時は、極めてポジティブな生き方を表す言葉でした。正社員という安定したレールの上で生きるのではなく、夢をカタチにして、やりたいことで稼いでいこう。

私が入社して働くことになるアルバイト情報誌「FromA」が、新しい生き方や働き方の価値観を表す言葉として提唱したのがきっかけでした。

当然、私たちの親世代である当時のオトナからすれば、「わけがわからん」ことになります。四畳半フォークソングからテクノへ。『巨人の星』から『ガンダム』へ。正社員、公務員からフリーターへ。自分らしく生きるだの、やりたいことを探すだのと若者が言い始めた日には、「何を言っているんだ！　まっとうに就職してまっとうに生きろ！」という気持ちになって当然。今なら私もその気持ちがわかります。

ゆとりもなければ悟ってもない世代

「新人類世代」や「バブル世代」ほど浮かれてはいなかったにせよ、「ポスト団塊ジュニア世代」くらいまでは、まだ右肩上がり時代の恩恵を享受しながら育ってきた世代でした。

各世代が生まれた時期

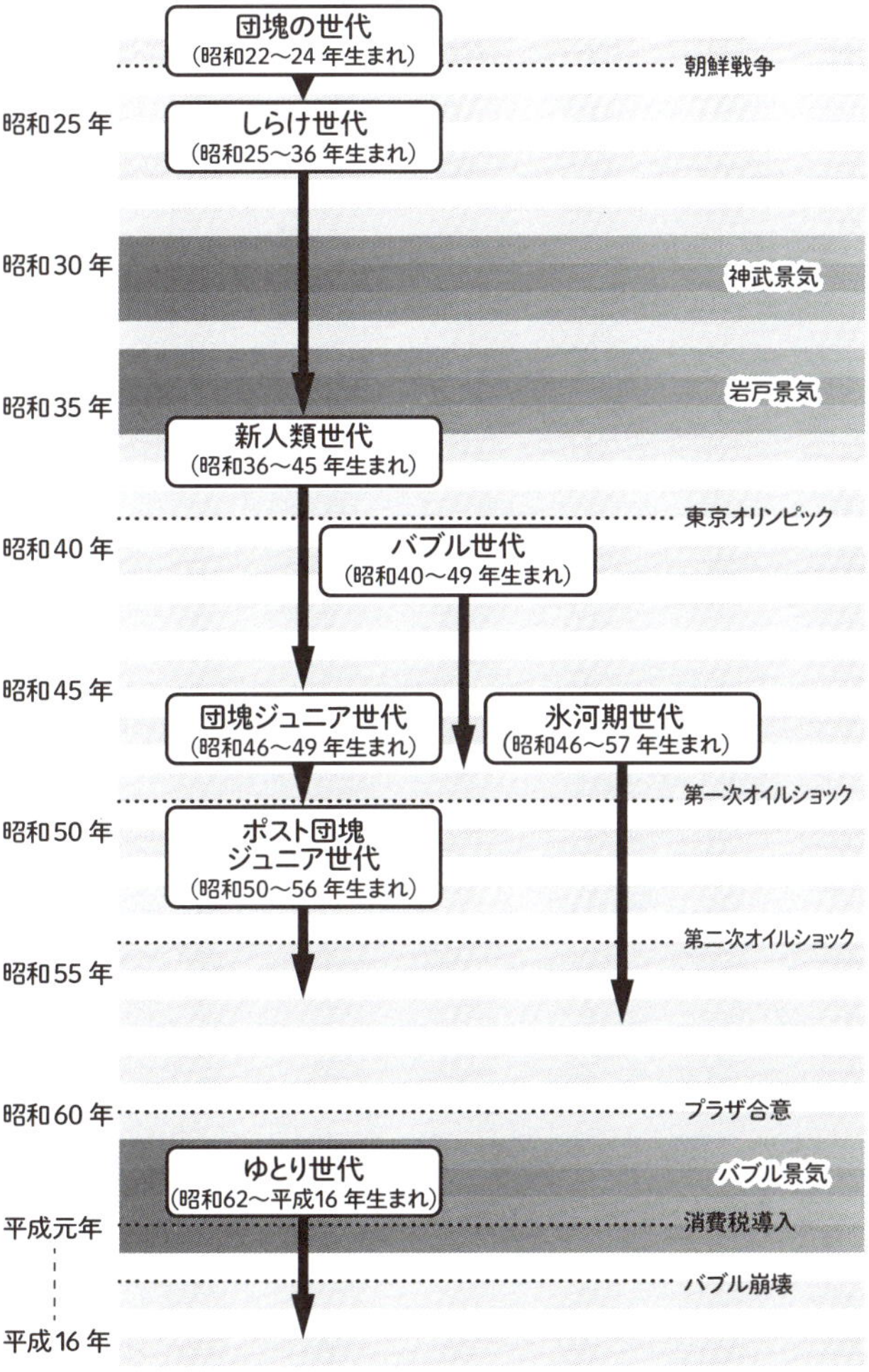
団塊の世代
(昭和22～24 年生まれ)
朝鮮戦争
昭和25 年
しらけ世代
(昭和25～36 年生まれ)
昭和30 年
神武景気
岩戸景気
昭和35 年
新人類世代
(昭和36～45 年生まれ)
東京オリンピック
昭和40 年
バブル世代
(昭和40～49 年生まれ)
昭和45 年
団塊ジュニア世代
(昭和46～49 年生まれ)
氷河期世代
(昭和46～57 年生まれ)
第一次オイルショック
昭和50 年
ポスト団塊
ジュニア世代
(昭和50～56 年生まれ)
第二次オイルショック
昭和55 年
昭和60 年
プラザ合意
ゆとり世代
(昭和62～平成16 年生まれ)
バブル景気
平成元年
消費税導入
バブル崩壊
平成16 年

「ゆとり世代」とは、ご存知のように「ゆとり教育」を受けてきた世代。詰め込み教育の反省から、思い切った授業時間の削減が行われました。「今どきの若いやつは……」という言葉とセットで、「ゆとり世代だから……」とネガティブに語られる気の毒な世代です。

当事者たちも、困惑気味。

Kくん「別に、ゆとりになりたくてなったというより、国の方針に従っただけっていうのもあるので、そんなこと自分に言われても。なんか、選挙で国に言ってくれって感じです」

Sくん「マーケティング用語に近いという感じです。僕の認識としては」

Tくん「ニュースでしか聞かないなという印象があって。実際に年上の方と接する中で言われた経験もないので、どうでもいいという感じですね」

Hさん「ゆとりはポジティブな意味で使われていない印象。ゆとりだからしょうがない、とか思われていそう。その一言で個人を見ずに片づけられている気がして、それは違うと思う」

昭和62年（1987年）生まれが、ゆとり第一世代。ゆとり＝平成のイメージがありますが、そもそも彼らはギリギリ昭和生まれ。ゆとりカリキュラムの試行錯誤に立ち会い、しかも社会に出る平成22年（2010年）頃が、ちょうど第二の就職氷河期にぶち当たってしまいました。彼らの就活には、本当に1ミリのゆとりもありませんでした。

戦後最大の世代間ギャップは、「ポスト団塊ジュニア」とこの「ゆとり世代」の間にあるといわれています。しかし彼らの受けてきた教育だけが原因ではありません。むしろギャップの大きな原因は景況感といっていいでしょう。

令和という新元号の発表があってから、平成を振り返る特集が目白押しでしたが、どの番組でも、平成は不景気と災害の時代と評されていました。令和元年の職場にいる若者を23～31歳のゆとり世代とくくるならば、**彼らはその平成とともに生まれ、不景**

気の中で子ども時代を過ごした年代といえます。「右肩上がらない」国で将来に不安を感じながら生きる世代なのです。

モテる男は「3高」から「4低」へ

今どきの若者特有の価値観をひとつ、ご紹介しましょう。結婚観です。

バブル世代の結婚観を示すキーワードとして「3高」という言葉がありました。**「高身長」「高学歴」「高収入」**。景気拡大していた当時、わかりやすく言うと国民全体が上を、上を目指していた時代でした。他人をライバル視して、みんな見栄を張り合っていたというか。自然と他人よりよい暮らしをするために、お金持ちの「高収入」、他人に威張るための「高学歴」や「高身長」の男性が求められたのです。

ときは過ぎ、リーマンショック、東日本大震災後の平成24年（2012年）くらいには、婚活女子の結婚観は「3平」へと移行していきました。**「平均的年収」「平凡な外見」「平穏な性格」**。重視するのは年収よりも職業の安定性、かっこよすぎるイケメンは浮気の可能性があるから、見た目もそんなにかっこよくなくていい、パートナーとケンカをしたくないし、余計なストレスを感じたくないから、結婚相手も平穏な性格がいい。理想の結婚相手を追い求め続けるよりも、自分のまわりの平均的な男性と早く結婚して、30代前半のうちに子どもを産みたい。そんな女性が増えました。

せっせと自分磨きに精を出し、キャリアに恋愛に花を咲かせたバブル世代の先輩が、若い頃の理想をいつまでも捨て切れず、婚活に苦戦する様を目の当たりにして、反面教師にしていたのかもしれません。

それでも「高」から「平均」へ、高望みしない価値観は理解の範疇です。

ところが、**今モテるのは「4低」**らしいのです。「4低」とは、**「低姿勢」「低依存」「低リスク」「低燃費」**。結婚相手の「低収入」はもはや織り込み済みの前提とのこと。そのうえでの4つの「低」。低姿勢は、女性に威張らない。低依存は、家事を女性に頼らない。低リスクは、とりあえず正社員で会社をリストラされない。そして4つ目の低燃費は、節約できる男。

将来、不安におびえる今の若い女性にとっては、「安定」の2文字は外せない条件なのでしょう。なかなか切ない感じです。

メーリスやばい

平成という、振り返ってみると決して明るくない時代に育ってきた若者世代。右肩上がりの成長を体験していないことで、頑張ったところで見返りが少ない、将来が不安。そういう価値観が彼らの根っこにはあります。

ここからは、今どきの若者に顕著なもうひとつの特徴について見ていきましょう。

それはデジタルリテラシーです。第1章でも触れましたが、今どきの若者はGAFAの申し子です。例えば令和元年に25歳になる人が14歳の頃、平成20年にiPhoneが国内販売開始されています。ライン、ツイッター、インスタグラム、ユーチューブ、ティックトックなど、彼らが使いこなしているツールを数え上げればキリがありません。

例えば、仕事をするうえで次のような考え方のギャップが生じます。

オトナ

ラインよりメールのほうが丁寧
メールでも挨拶文は書いておくのがビジネスマナー

若者

用件さえ伝わればラインで十分
定型の挨拶文なんてムダ

私が若者に話を聞かせてもらったとき、こんな会話が展開されていました。

Hくん「親がメール派で。僕はあまりメールを使わないので普段ラインで連絡してるんですけど、重要なこととかだと、親はメールで連絡してくるんですよ。いつもはラインで連絡してるのに、そのときだけメールを使われると『え？』みたいな感じになって。ラインだったら気軽に返信しやすいじゃないですか。堅い文面でわざわざメールで送ってくるやつとかは、やめてほしい」

Iさん「いまだにメーリスとかあるのが、信じられないよね。メーリスわかる？」

Sさん「メーリスわかりますよ。高校のとき使ってました」

Iさん「あれ、やばいよね」

Sさん「ゼミでも使ってます。今でも」

Iさん「本当ですか。ラインでやればいいのに。メールで一斉送信という文化は、たぶん昔からの悪習。大事なことはメールで、みたいなのは、やめたほうがいい」

Sさん「大事なことはラインで送ってほしい」

Hくん「働き方でも、例えばオンラインの会議をしたら、より移動時間が短縮できるとか、ツールを使ったらもっと違うことに時間が割ける。親もパソコンがそんなに嫌いというわけじゃなくて、普通に使うんですけど、それを使ってもっと効率よくやろうみたいな考えが、あまりないのかなと思って」

メーリスやばい。これが若者の感覚です。**同じラインというツールを持っていながら「大事なことはメール」にしてしまうオトナに対して、若者は「なんでわざわざ？」と思ってしまうわけです。**

ラインよりメール、メールより電話、電話より対面

職場における「メールvsライン論争」のさらに前には、「電話vsメール論争」があり

ました。私の1世代前のオトナは、もっぱら電話でコミュニケーションしたがります。メールに不慣れな彼らは、実は「お世話になっております」の枕詞もつけません。要件だけを記したぶっきらぼうなメールをもらうと、なんか怒っているのかなと思うほど。でも対面すると、非常に腰が低くスムーズに会議が進んだりします。

こうして考えてみると、いわゆるビジネスメールの様式にこだわりがあるのは、30〜50歳あたりの世代に限られていることに気がつきます。ちょうどメールが連絡手段の主役になってバリバリ使っている世代です。電話からメールへとコミュニケーションが一般化する中で、今のオトナ世代は、メール上でもビジネス会話が成立する定型の挨拶文を磨いていったのです。メール以前の世代も、メール以後の若者世代も、あまりビジネスメールの様式やマナーに頓着していません。

つまりメールの作法に目くじらを立てているのは、私たちオトナ世代だけ。実は少数派です。そもそもメールの「お世話になります」とか「取り急ぎ拝受の御礼まで」といった定型文を「書くべし」と決めたのは、いったい誰なんでしょうか？　正直、私もメールの「お世話になっております」は面倒だと思いますし。

それはさておき、その時々の定番ツールに合わせて、ビジネスの常識もコロコロと変わっていくということでしょう。**私たちの世代がメールをビジネス流に定型化してきたように、今の若者世代はラインやチャットツールを彼らなりのビジネス流に使いこなしている**わけです。

若者は「SNS社会」の住人

しかし、今起きているオトナと若者のギャップは、これまでとは決定的に違います。

それは何か。

これまでのオトナと若者のギャップは、結局のところ生きる時代の違いでした。時代が進む。技術革新も進む。それが世代間ギャップを生む。しかし今の時代、**両者は生きる時代だけでなく、生きる空間まで異なるということです**。これが「世代間ギャップ2.0」です。

現代の若者は、「SNS社会」とでもいうべき、常時接続のオンライン空間に生活の

大きな比重を置いて生きています。もっというと生活基盤のデフォルトは、もはやオンラインにあります。私たちオトナもスマホやＳＮＳは日常的に使いますが、基本的には「オフラインの住人」です。ＳＮＳをツールとして使ってはいるけれども、考え方や価値観はリアル社会を前提にしています。

ニコニコ動画の創設者である川上量生《かわかみのぶお》氏は、著書の中で、ネット利用者には２種類の人種がいると述べています。その区分けは、ネットをツールとして利用する人か、ネットに住んでいる人か。大雑把にいえば前者がオトナで後者が若者です。

そもそもオンラインの住人の中では、リアル社会で仲間を見つけにくいオタク趣味の人たちが先住民でした。彼らはリアル社会が息苦しく、逆にオンラインの中のほうが人気者になれる、活躍できる、ホンネが言えると感じたのです。だから仲間や帰属意識を得やすいバーチャルな新大陸に移住していったのでしょう。これが時代とともに一般化したのです。特にＳＮＳでは、検索すればあっという間に仲間ができ、つながれます。

世界での累計発行部数が４億５０００万部を超えた『ＯＮＥ ＰＩＥＣＥ』は、「現代版聖書」といわれるくらい若者への影響力を持つコンテンツ。物語を貫くキーワードは「仲間」です。**今どきの若者は、閉じられたリアルな社会ではなく、開放されたSNS社会の中で仲間を見つけ、そこを住み家としているのです。**

オタクからリア充へ

若者がオンラインをベースに生きている。確かにそうだよな、と私が実感した事象のひとつに「オタク」と「リア充」というキーワードの変遷があります。

オタク：コラムニストでアイドル評論家の中森明夫《なかもりあきお》氏が昭和58年（1983年）に命名。「コミックマーケット」に集まる集団が、友達に「おたくら さぁ」と呼びかけていることに着目し、「彼らをおたくと命名する」としたことから広まった呼称。以後アニメ・SFファンは自虐的におたくを自認するようになる。

リア充：リアル＝現実の生活が充実している人物を指す「2ちゃんねる」発祥のインターネットスラング。近年では、恋人・配偶者の有無で定義づけられる傾向にある。

オタクは、リアル社会の住民から見た蔑称的ニュアンスの呼称です。一方で、リア充は、ネット社会の住民から見た妬みがベースになっています。リア充は、平成23年（2011年）には女子中高生ケータイ流行語大賞の金賞に選ばれるまでに普及し、若者言葉として確固たる地位を獲得するに至りました。

オタクからリア充への遷移。これは単に流行り言葉の移りかわりではなく、「リアルが多数派だから↓イケてない嗜好を少数派として語る」から「オンラインが多数派だから↓キラキラした生活を少数派として語る」ように、ベースの視点が変わったことを意味しています。オンラインの世界に住んで、リアル世界を眺めている状態が、若者のデフォルトなんです。

インターネット・SNS とともに育ってきた デジタルネイティブ

	令和元年に24歳を迎える世代の年齢	
平成13年	6歳	・iPod 発売 ・「ウィキペディア（日本語版）」開設 ・「楽天広場（現・楽天ブログ）」サービス開始 ・全学校がインターネット対応
平成14年	7歳	
平成15年	8歳	・「はてなダイアリー」サービス開始
平成16年	9歳	・「Facebook」開設 ・「mixi」サービス開始 ・「Gmail」サービス開始
平成17年	10歳	・「YouTube」サービス開始 ・「食べログ」サービス開始 ・「iTunes Music Store」が日本でサービス開始 ・「Google マップ」サービス開始
平成18年	11歳	・「ニコニコ動画（仮）」サービス開始 ・国内初のフィッシング詐欺摘発 ・「Twitter」サービス開始
平成19年	12歳	・ウィキリークスの存在が明らかになる
平成20年	13歳	・アップル「App Store」開始 ・「pixiv」サービス開始 " ・グーグル「Android Market」開始 ・iPhone が日本で発売
平成21年	14歳	・Microsoft Windows 7 発売
平成22年	15歳	・iPad 発売 ・インターネット利用者が世界 20 億人突破
平成23年	16歳	・アメリカで「Snapchat」サービス開始
平成24年	17歳	・グーグル「Android Market」が「Google Play」に改名 ・Microsoft Windows 8 発売
平成25年	18歳	・「メルカリ」サービス開始 ・「Slack」サービス開始
平成26年	19歳	・「Instagram」日本語アカウントが開設 ・SIM フリー市場が拡大
平成27年	20歳	・「Apple Music」サービス開始 ・Apple Watch 発売 ・「Netflix」が日本でサービス開始
平成28年	21歳	・「Spotify」が日本でサービス開始 ・「Tik Tok」サービス開始 ・「Instagram」にストーリーズ機能が追加
平成29年	22歳	・ビットコインなど仮想通貨投資が流行
平成30年	23歳	・e スポーツが話題
令和元年	24歳	

1日のスマートフォン利用時間

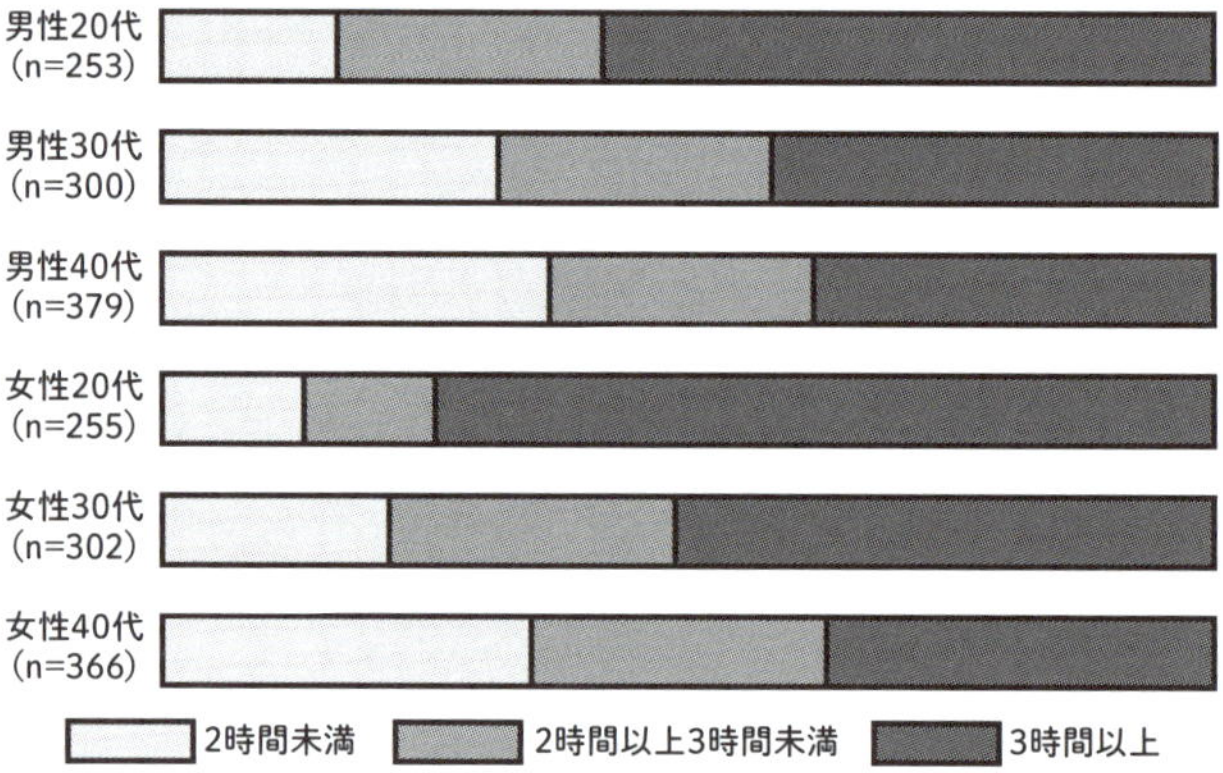

出典：MMD研究所の調査をもとに編集部作成

若者のSNSライフ

今の若者はオンライン空間にどっぷり浸かって生きています。個人差はありますが、中学生、高校生の頃にはケータイやスマホを手に入れ、大学生の頃にはフェイスブックやツイッターなどのSNSを使っているのが普通です。その前からガラケーがあり、ミクシィやモバゲーがありましたから、**彼らのコミュニケーションの舞台はほぼSNSとともに始まっている**といってもいいでしょう。

若者たちを見ていると、四六時中スマホを触っている印象がありますが、実際どのくらい使っているのでしょうか。MMD研究所が平成30年10〜11月に行った調査では、20代の半数以上が3時間以上使っているそうです。女性のほうが特に顕著です。

1日に3時間以上スマホを使っている女性が、30代では5割ほどなのに対して、20代では8割近くになります。寝ている時間や働いている時間を除けば、相当な時間をスマホに割いていることがわかるのではないでしょうか。

20代の若者に「フェイスブックの友達ってどのくらい？」と聞いてみたのですが、ちょっとビックリしました。

1072人、1733人、471人、1525人、948人とか、みんなそんなに平気でいるんですね。数人に聞いただけなので極端な例なのかもしれませんが、平成27年に雑誌『CanCam』が行ったアンケートでも、社会人女子のフェイスブック平均友達数が557人だったようですから、割と妥当な結果なのだと思います。

若者の生活の中では、これだけの人がこれだけの時間をオンラインに割かれているわけです。さすがに1000人を超える人の投稿すべてをずっと監視しているわけではありませんが、ツイッターやインスタグラムも合わせれば、相当な量の情報を日々ウォッチして、処理していることが容易に想像できます。

SNS上にある「村社会」

私もインタビューに応じてくれた若者たちに、どんなふうにSNSを使っているのかを聞いてみました。いろいろなSNSが乱立していますが、その使い方はどんどん洗練されて、「型」ができているようです。

フェイスブック

原初のSNSといえるフェイスブックも、今やすっかりクラシック。若者たちにとって**フェイスブックのページは、名刺や履歴書のようなもの**です。なぜなら企業やオトナ世代が「とりあえず見る」ページだからです。知り合った相手に自分のページを見てもらえば、だいたい自己紹介が済んでしまう。そんな感じです。

自分の能力や特技、志向、活動などについて、どうアピールするのがいいか。よそ行きの一番いい顔を載せるために、熟考を重ねて自分のページを作り上げます。そのため、**若者たちがフェイスブックを更新することはめったにありません**。

かえってオトナのほうが、やたらに投稿していたりします。私の知人のオジサンは、しょっちゅう旅行レポートをアップしています。宿泊した旅館、利用したレストランなどについて、写真つきの記事であれこれ述べています。

本人は「自分のための日記代わり」と言っていますが、見ている人を意識しているのは明らか。ちょっとばかり自慢臭がします。

SNS社会に住む若者は、そこに抵抗を感じます。かつてはガンガン投稿していましたが、それが常に不特定多数の人に見られ、ときに悪い印象を与えてしまうリスクがあることを、とっくに学んでいるのです。

ツイッター

若者にとって**ツイッターは、便利な「情報収集ツール」**。面白い情報、役立つ情報を発信している人のフォロワーになることで、随時いろいろな情報を得られるわけです。

今の情報社会では、ウソの情報に踊らされたり、より有益な情報を知らない「情弱（情報弱者）」と見られるのが屈辱。ですから、リアルタイムにどんどん情報が流れてくるツイッターは利用価値が大きいのです。例えば電車の遅延情報なども、ツイッターで「山手線　渋谷」などと検索すれば、渋谷にいる人の「事故で遅延中。多分しばらく動かない」といったつぶやきから、リアルな状況を瞬時に把握できます。

つぶやく側も、人の役に立つような価値ある情報を意識しているところがあります。もともとは『徒然草』のような個人的なつぶやきが主流でしたが、それらは人によっては邪魔な「ノイズ」と思われてしまうので、おおっぴらには投稿しないようです。**逆に誰の役にも立たないようなことは、「裏アカ」と呼ばれる秘密のアカウントを別に作って、そこにつぶやくのが常識**。実際に話を聞いた若者たちも「裏アカは多分みんな持ってる。愚痴とかばかりの掃きだめみたいなもの」と口々に言っていました。

オトナ世代には「人のつぶやきなんてお互いに興味ないでしょ」と言って、その価値を疑う人もいます。そんなことは若者も百も承知です。「新宿なう」なんて、もはや誰もつぶやきません。

インスタグラム

ある若者は「インスタは承認欲求を満たすためのツールっぽい」と言っていました。「インスタ映え」なんて言葉が流行りましたが、確かにキラキラ系の写真が多く、「これ素敵でしょ？」「かわいくない？」というような主張が強めな印象があります。話を聞いた若者の中では、男子はほとんど「休眠アカウント」になっていました。

インスタをよく使うという女子に聞いても、あまり投稿はしないという意見が多数派でした。なぜなら**「いいね！」がつくかどうかが気になる**から。会心の一発は投稿しますが、**基本的には「ストーリーズ」にアップする**そうです。「ストーリーズ」とは、24時間で自動的に消える投稿の機能のことです。

普通の投稿には強い意志や気持ちが見え隠れしてしまいますが、**ストーリーズは「その場のノリ感」があります**。だから、人にどう思われようが気にせず、気楽にアップできるのです。

このようにインスタグラムは、ひたすら「映える」写真を投稿しまくるブームから、「消える」系のステージへと突入しています。同じ文脈にあるのが、「スノウ」や「スナップチャット」です。情報のストックから、リアルタイムな共有へ、テキストから写真、そして動画へとどんどんテクノロジーが進化する中で、今や「短くて消える系の動画」が最先端になりました。

SNS村社会をちょっとのぞいてみよう

いかがでしょうか？　オトナの考えるSNSの使い方とは、もしかすると結構大きなギャップがあるかもしれません。若者たちは、ここまで見たような**使い方をお互いに共有しながら、各SNSの中で振る舞い、コミュニケーションを深め、人間関係を構築している**のです。

逆に、このなんとなく共有されている使い方を逸脱してしまったときに、仲間外れになるリスクが発生します。例えばツイッターでは、「裏アカ」以外ではあまりネガティブなことをつぶやかないのが普通です。見ているほうまで不快になるようなネガティブ投稿が多いと、フォローを外されてしまうでしょう。

このように、**ルールというかマナーみたいなことを守っているかどうか、若者たちはお互いに監視し合っています。**「ここに住むなら決まりを守ってね」という、ある種の同調圧力。暗黙の「掟」が存在する、まさに「村」です。そういえば社会学者の古市憲寿氏も、以前から「若者はムラムラしている」と、ややダジャレテイストを効かせながら評していました。どうやらSNS上では、若者の住む「村社会」が形成されているようです。

このように若者たちは、早くからスマホを手に、SNSの中で人間関係を築き、SNS的なコミュニケーションを身につけてきました。この**「SNS村社会」に住む彼らの特性を知っておくだけで、若者が職場で見せる表情や態度、言動の裏側に隠れた本音が見えてくるはずです。**

そこで、ＳＮＳ村社会に住む若者の特性を大きく5つに分類してみました。

「過剰忖度《そんたく》」
「相対的自意識」
「ヨコ社会」
「イミ漬け」
「時間価値」

次の第3章では、5つの特性ごとに若者の考え方や価値観を深掘りしていきます。若者の「生態図鑑」のようなものだと思ってください。職場の若者に当てはめてみると「もしかしてこんなことを思っているのかも」というヒントが見えてくるはずです。

第3章

「SNS村社会」から若者のナゾを解く

第３章では、「SNS 村社会」に住む若者の特性を５つに分けて読み解いていきます。キーワードは全部で 20。「え？ こんなこと考えてたの？」という発見がどこかにあるはずです。気になったキーワードから読んでみてください。この章の最後には、キーワードを総括した解説図も掲載しているので、あわせてチェック！

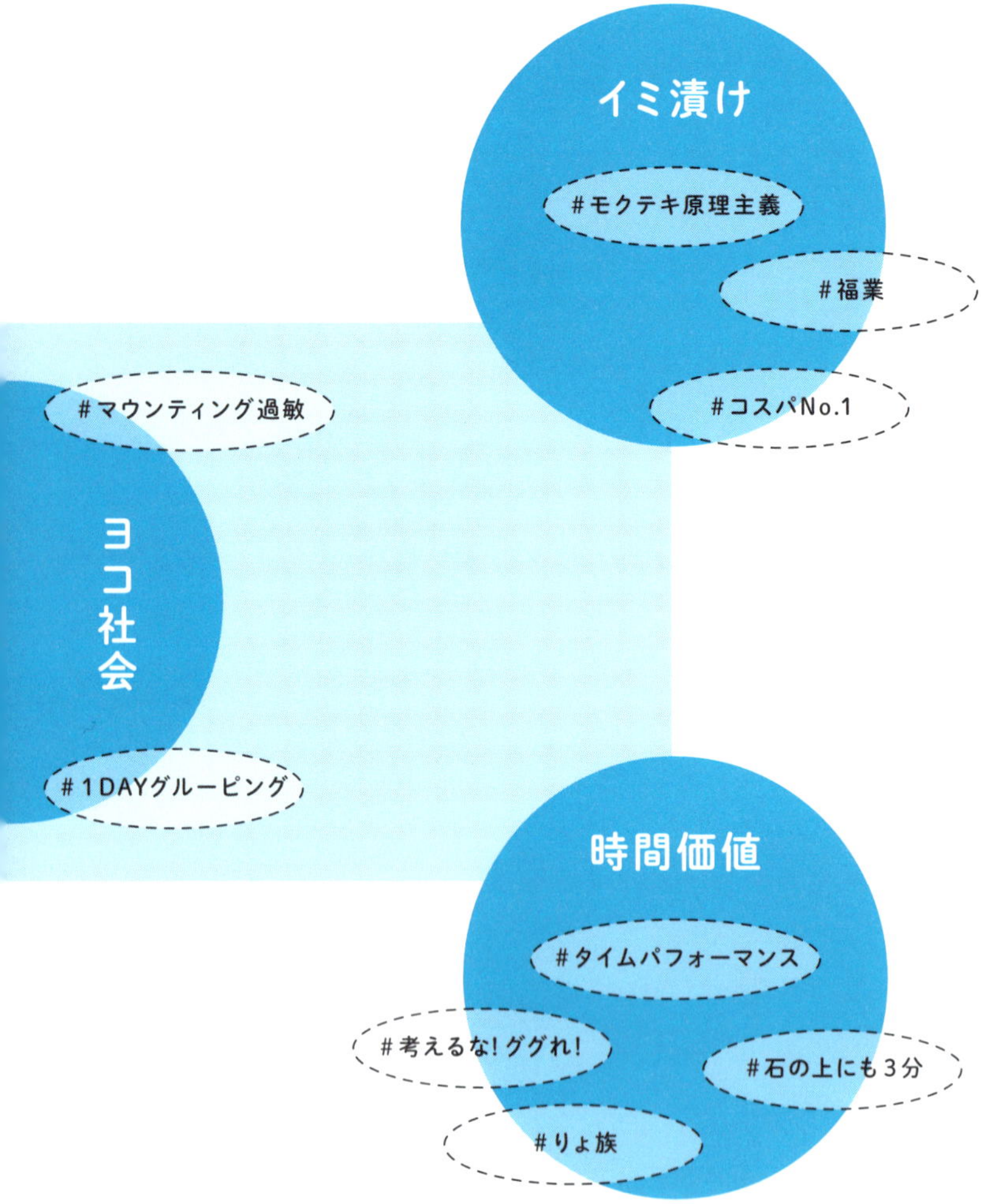

これで若者の心の中がわかる！ 5つの特性 20のキーワード

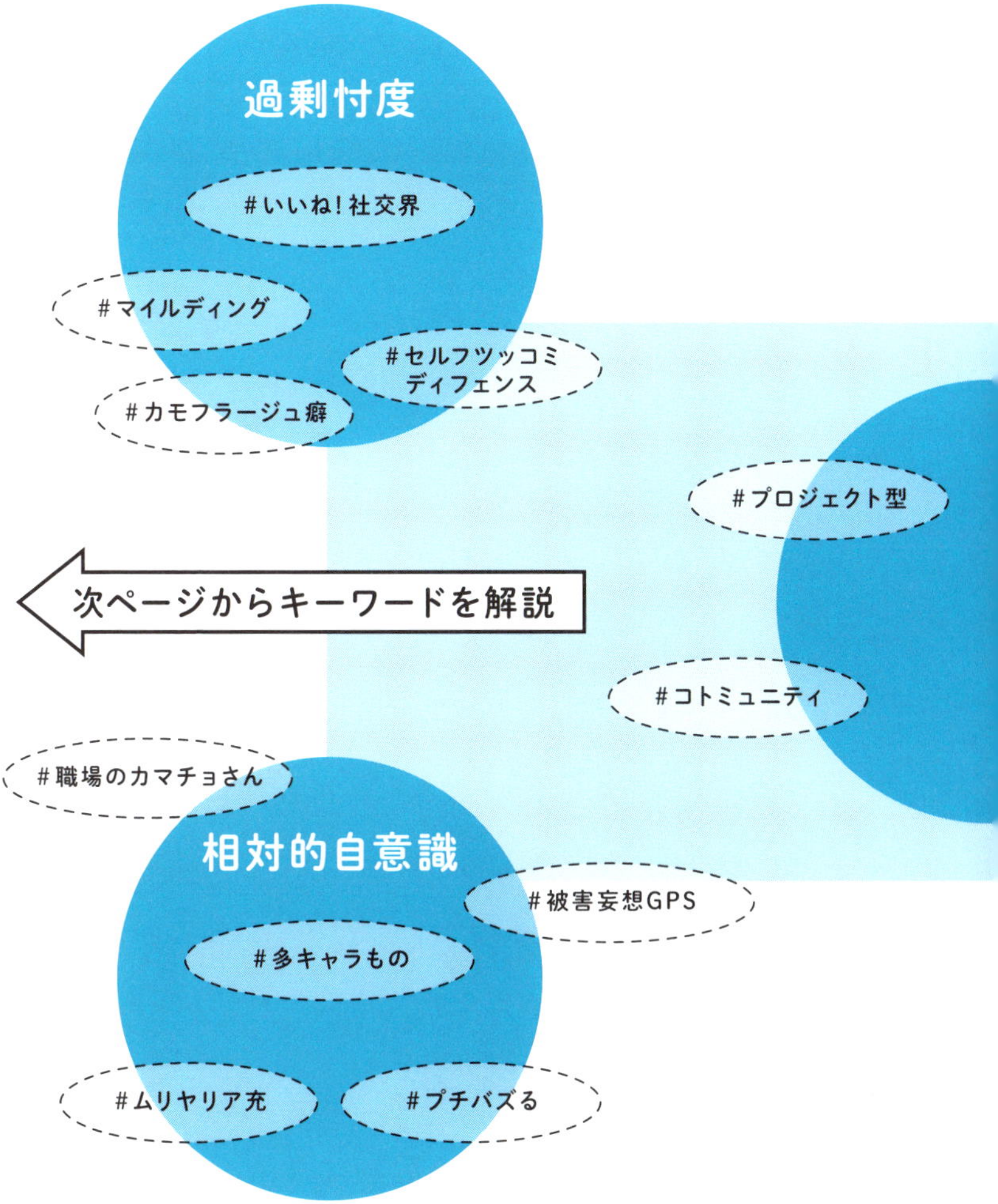
過剰忖度
#いいね！社交界
#マイルディング
#セルフツッコミディフェンス
#カモフラージュ癖
#プロジェクト型
次ページからキーワードを解説
#コトミュニティ
#職場のカマチョさん
相対的自意識
#被害妄想GPS
#多キャラもの
#ムリヤリア充
#プチバズる

過剰忖度

#いいね！社交界
#セルフツッコミディフェンス
#カモフラージュ癖
#マイルディング

ウソでも「いいね！」という忖度。職場のノーレスに「あれ？」

忖度というと政治家や権力者に対するオトナの配慮といったイメージがあるかもしれません。でも実は、若者も忖度しまくっています。

みなさんもニュースなどで、タレントや企業のSNSが「炎上」している様子を見たことがあると思います。一度炎上してしまった投稿は、削除したところですでに手遅れ。写真のコピーや投稿画面のキャプチャ画像があっという間に増殖して、ネット上では半永久的に晒され続けることになるのです。消したくても消せない過去の汚点。これを「黒歴史」や「デジタルタトゥー」というそうです。

若者たちは、SNSのこうした「常に誰かに見られているリスク」を念頭に置いてコミュニケーションをとる習性が身についています。

インタビューした大学3年生の女子（21歳）は、こんなことを言っていました。

「バイトでどうしてもシフトに入れないことがあったんです。あるイベントに遊びにいく予定があったのでシフトを外していただけなんですけど。でも、そのイベントの写真がSNSでお店の人に見られちゃって、会ったときにすごい嫌な顔をされたんですよ」

怖いですよね。「こんな投稿をしたら、どんなふうに思われるか」「批判を浴びることにならないか」「友達に嫌がられないか」などと、いつも神経をすり減らしながら投稿しているわけです。

このSNS的な忖度の流れには、とりあえずの「いいね！」もあります。

「今日、23歳のバースデイ！　仲間にお祝いしてもらいました！」

「1週間、お休みもらってスペインに行ってきた！　ガウディ最高！」

そんな友達の投稿に、無心で「いいね！」を押す。それがSNSの世界では当たり前の習慣です。SNSに慣れ親しんだ若者にとっては、この習慣は顕著です。自分が何か投稿すれば、どんなささいな内容でも何件かレスポンスがあるというのが普通。逆にレスポンスがなかったりしたら、彼らは言い知れぬ不安に襲われます。何かおかしな投稿をした？　まわりに変なふうに思われてない？　そんな気持ちが増幅していきます。だからこそ友達の投稿にほぼ自動的に「いいね！」を押すのです。

「いいね！」を押し合うのは、言ってみれば礼儀作法。こうして「いいね！」社交界が形成され、友達に忖度した「いいね！」が激増、結果「いいね！」がばらまかれます。もはや若者が押す「いいね！」は、「見たよ！」というサイン程度のものです。

#いいね！社交界

そして若者たちは、リアルにも同様の感性を持ち込みます。だから、なにかにつけ「いいね！」がデフォルトなのです。

例えば「店長、あれやっときました！」などと報告があったとき、目も見ないで「ああ」とか、素っ気ない返事をしていると、確実に「あれ？」と思われてしまいます。「いいね！」どころかレスポンスが薄い……。自分が何かおかしなことをしたのではないかと不安になるのです。

関連キーワード

#忖度LIKE　#デジタルタトゥー　#あれ、「いいね！」つかないんですけど…　#とりあえずレスしようよ

ウザいと思われたくない！先回りして予防線を張る

インスタグラムを見ていると、こんな投稿が見つかります。

写真は〝映える〟旅先で撮られた女の子グループのキラキラしたセルフィ。いくつも並べられたハッシュタグの中には「#リア充アピール」の文字。えっ？　自分でリア充って言っちゃうんだ……と一瞬たじろぎますが、これには理由があるのです。実は、友達から「うわ。リア充アピールしてるよ」と言われないように、先回りして予防線を張っているんです。

若者たちは、自分の一挙手一投足が他人に見られている意識を強く持っています。「友達が見たらどう思うか」を常に考えてしまうのです。

うかつに投稿して「出た、リア充アピール」「意識高い（笑）」「人と違う自慢、ウザい」などと思われたらショック。思われるだけでなく書き込まれたら致命的です。今まで仲間うちで仲よくやっていたのが、たったひとつの投稿によって仲間外れにされてしまう。まさにSNS村八分の恐怖。だからこそ、一見よくわからない、そしてある意味で非常に高度なセルフツッコミ的防御術を身につけるようになったのです。

#セルフツッコミディフェンス

「先回りして予防線を張る」というSNS的な処世術は、職場のリアルコミュニケーションにも現れます。ありがちなのが「自分、実は承認欲求強めなんで」というセリフ。これには、自分のやった仕事に対してちゃんと褒めてほしい。だけどあまりに「褒めて褒めてオーラ」が出すぎているのもイケてない、という思考が働いています。

若者の過剰なほどの自己防衛本能は、オトナからすると、理解しにくいかもしれません。

関連キーワード

#キラキラセルフィはヤバい　#過剰な忖度もウザい　#地球防衛軍、改め自分防衛軍

「いいね！」はほしい！でも主張はしない！でも気づいてほしい！

「新しいロードバイク買った！」「思い切って前髪つくってみた！」。自分から言うのもどうかと思うけど、そりゃ気づいてほしい！　そんな経験は、誰にだってあるでしょう。

そういう人間心理が、SNSの一般化でより増幅されているのは間違いありません。見せる対象はオンラインで世界中へと広がったのです。気づいてほしい気持ちもより膨らみます。一方で、どこの誰に、何を言われるかわからない恐怖もあります。褒められたらうれしいけど、逆にけなされるかもしれない。アピールしすぎなのもカッコ悪い。若者はそんな冷静と情熱の間で悶々としているのです。

例えばインスタグラム。思い切って買ったブランドものの洋服があったとします。それを見てほしいとき、服を着た自撮り写真をドーンとアップしたりはしません。

例えば、みんなで撮ったパーティの写真に写り込ませたり。あるいは、その服をさりげなく着用しつつ、飼っているペットを抱いて、そのペットを前面に押し出して投稿したります。コメントも「ウチのショコラかわいい♥」とかで、

#カモフラージュ癖

服に関して自分から説明しないというのが常套手段。そこに「その服、新しく買ったの？ かわいい！」などとリプライが返ってこようものなら、小さくガッツポーズです。

オトナからすると、どんだけめんどくさいコミュニケーションしてるわけ？ と思うのですが、これが若者の複雑な心理です。あなたの職場にも、気づいてもらうのを待っている若者がきっといます。

関連キーワード

#ギンギラギンにさりげなさすぎ #この投稿の意味に気づくアンタが最高 #アクセルとブレーキ一緒に踏んでる投稿

「自分的には普通にいい」？自己表現は、限りなく曖昧なグレー

「このパスタ、普通においしくない？」

最近、こうした表現をよく耳にします。しかしよく考えたら「普通においしい」って、「ちょっとおいしい」でもなく「意外とおいしい」でもなく、非常に曖昧な表現です。

他にも曖昧な表現は増えています。「ナシよりのアリ」とか「アリよりのナシ」とか。またツイッターでは「わかりみが深い」という言葉をよく見かけます。これは単に「わかる」と完全に言い切らないときに使う言葉のようです。

実は、何かを評価する際に使う若者言葉が、どんどん曖昧化しているのです。いいとも悪いとも言い切らない、断定はしない。これも、他人に見られていることを前提にした、過剰な忖度が背景にあります。

オンラインの世界では、「2ちゃんねる」にせよ「食べログ」にせよ、ひとつの話題に対してさまざまな意見や評価があふれています。そんな中ではっきりと断定するには勇気がいります。誰にも否定されないように無難に答える、何ごとにもエクスキューズの余地を残すことが若者の処世術なのです。

#マイルディング

この新しいPOPどう思う？
普通によくないっスか？みんな的にどうなんスか？

「この新しいPOP、どう思う？」
「自分的には普通にいいと思いますけど……」

この「自分的には」や「普通に」といった表現には、発言の主体性を薄くしようという心理が透けて見えます。オトナからすると、言いたいことがよくわからないとか、自己主張が希薄だと思えるかもしれません。しかし彼らは決して「ストレートな自己表現が苦手」なのではなく、「あえて封印している」のです。本音は、しっかり持っています。

関連キーワード

#ニュアンスコンシャス　#曖昧ME　#あえての封印　#ナシよりのアリよりのナシ…アレ、どっちだっけ？

相対的自意識

#多キャラもの
#プチバズる
#職場のカマチョさん
#ムリヤリア充実
#被害妄想GPS

自分のキャラは死守したい！見せて見られて、あふれ出す自意識

最近の若者たちは「キャラ的に」とよく口にします。例えばこんな具合です。

「え〜？　私が歓迎会で一発芸なんて、キャラ的になくない？　ムリムリ！」

「平賀さんがそんなこと言うなんて、キャラ的に想像つかないんだけど」

周囲から見て誰がどんなキャラクター（＝性格）であるかを、強く意識していることがわかります。もちろん、自分自身のキャラもです。

かつてこんなことがありました。20代のハツラツとした体育会系男子を、リーダー的なポジションに抜擢《ばってき》したときのことです。

「ありがとうございます！　頑張ります！」

期待通りの力強い返事。彼の抜擢はやはり正しかったと、より一層の期待を寄せていました。ところが、ある日、彼から意外な申告を受けることになります。

「やっぱり私には務まりません。元のポジションに戻していただけませんか」

ちょっと仕事のストレスがかかりすぎたのかな。よくよく話を聞いてみると、彼の悩みはそこではありませんでした。「理想の自分」と「で

きない現実の自分」のギャップに耐えられない、と言うのです。

職場での彼は「仕事ができる」キャラを演じたかったのです。しかしポジションが変われば、うまくいかない仕事も増えていきます。そんなのは当たり前なのですが、「役割を全うできていない自分」がストレスでたまらないということのようです。よく言えば誠実なんですが、壁を突破する前にしおれてしまう点はかなり意外でした。

若者がキャラを気にするのも、SNS村社会が背景にあります。

若い頃は他人の目が気になって仕方がない……というのは一般的な話だと思いますし、家での自分と職場での自分は違うという人もたくさんいるでしょう。そんな誰にでもある自意識を、SNSは膨張させます。24時間365日、他人とつながり続ける環境の中で、一挙手一投足をお互いに見せ合っているからです。

若者の強いキャラ意識は、SNSの「アカウントの数」にもよく表れています。

20代の若者たちに聞いてみると、「ツイッターのアカウントは3つ」「インスタグラムのアカウントは2つ」などというのが当たり前でした。例えばツイッターの場合、「リアルの友達用」「趣味のつながり用」「職場の人用」などと、目的によって複数のアカウントを使い分けているわけです。そして、アカウントごとにキャラづ

#多キャラもの

けがあることも珍しくありません。「職場の人用」では真面目キャラ、「リアルの友達用」ではお調子者、みたいな多面性があるのです。

ＳＮＳ村社会では、「他人を鏡のようにして相対的に自意識が膨らみ」ます。自分を見ている目、見せつけられる他人の姿が昔とは比較にならないほど増えて、自意識を刺激される回数がオフラインの住人より圧倒的に多いのです。

関連キーワード

#1アカ1キャラ　#ジブンのキャラ的に
#裏垢　#ダイヤモンドカットくらい多面体

出る杭にはなりたくない。でも身内で小さく「バズり」たい

SNSの発達が、若者に過剰な忖度のメンタリティを植え付けたことは間違いありません。しかし、その前提にあるのは、SNSの登場により個人の表現の場や、情報発信の機会が急激に広がったことです。

スマホで動画を撮影してインスタグラムやツイッターにアップするくらいは、もはや若者の日常です。そうしたメンタリティは、教室で目立とうとしてちょっと悪ふざけをするのと変わりません。要は注目されたいという欲求の表れで、その舞台がSNSへと移行しただけです。

一方で、やはり忖度のメンタリティがあります。つまり目立ちたいけど目立ちすぎるのはリスク。先ほど紹介した「#セルフツッコミディフェンス」や「#カモフラージュ癖」の思考です。でもやっぱちょっとは目立ちたい。この葛藤の中で若者は揺れているのです。そして自意識が勝ってしまったとき、バズりたい表現がチラリと顔をのぞかせます。しかし悪目立ちするわけにはいきません。小さなコミュニティの中で小さく「バズる」のが、ちょうどいいのです。

バイトテロにしても、最初からあんなにバズる

#プチバズる

うわ、めっちゃウケる！ とりあえ
ず撮っとこ これクラスのやつらに
見せたらバズるだろーなー てゆか
インスタとツイッターとFBと…
あとストーリーでシェアしとこ
あーまじウケるわー
あれ？ でもこれって
あれか、
バイト
テロ的
なやつ？
いや考え
過ぎだよなー
クラスのやつしかFFいないし てか
普通にラインにしとけばいいん
じゃね？ マジ？ ライン転載動画で
炎上とかもあんの？ えー撮っても
シェアできないいんじゃ意味なくね？
居酒屋

とは思っていません。友達にちょっと面白いと言ってもらいたいだけです。

あるマネージャー（36歳）が「若手は営業表彰されるのが嫌い」だと話してくれました。「出る杭《くい》」は打たれやすく、陰でどうこう言われるのが面倒だからだそうです。身内で褒めてくれればいい。それがイマドキの感覚のようです。活躍にスポットライトを当てることができない。なかなか大変な世に中になってきました。

関連キーワード

#出る杭はリスク #これってバイトテロ？
#MVP（モスト・ヴァッカみたいに目立っちゃった・パーソン）

病んでる私……グレてる私……みんなワタシにかまってちょーだい！

「意味わかんない指示の連発。つらいけどやらなきゃ終わんない。徹夜かも」

ツイッターなどで、特定の相手に送る「リプライ」ではなく、誰に向けてかわからないような投稿をあえてすることを「エアリプ」というそうです。見ている側からすると自分がレスポンスしたほうがいいのか、放っておいてほしいのかよくわかりません。しかしわざわざ投稿しているわけですから、「そんな自分を見て」という自意識が透けて見えます。

この「エアリプ」、SNSに限った話ではありません。職場でも、独り言のように「あー、最悪」とか「もうヤバい、しんどい」などと口にする人がいたりします。見かねた同僚や上司が「大丈夫？　どうしたの？」と声をかけても「なんでもないです。大丈夫です」と返ってきます。

これ、ほぼ大丈夫ではありません。私たちオトナが気をつけなければいけないのは、このサインを見逃さないこと。本当にちょっとガス抜きとして発言したという場合もあるかもしれませんが、そこは忖度世代の若者たち。十中八九、深層にあるのは、誰かに自分の大変さに共感し

#職場のカマチョさん

てもらいたいというカマチョ心理です。

「どう接したらいいんだ」と悩んだり、「自分の指示が悪かったのかも」「私がお願いしたことがまずかったのかも」と心配したりするより、一言、声をかけるべき。

「すごく大変な仕事お願いしちゃったけど、すごく頑張ってるよね」。共感からの承認、これに勝るクスリはありません。

関連キーワード

#ヤンデルしグレーテル　#大丈夫ですはゼッタイ大丈夫じゃない　#職場のアスカ・ラングレー　#リアルエアリプ

朝6時にスタバにチェックイン！本当に意識が高い人と意識高いふうの人

若者たちの間で「意識高い」というと、ちょっと相手を揶揄《やゆ》するニュアンスがあります。例えば、やたらと人とは違う自分を語ったり、自己啓発系の本の影響を受けていたり、そんな匂いを感じ取ると「意識高いね（笑）」と言いたくなってしまうのです。

でも、本来は高い意識を持つことは、とてもよいことです。それがなぜ、軽い悪口のようになってしまったのでしょうか。

大きな理由のひとつは、SNSという自己表現の場ができてしまったことだと思います。ある男性（36歳）が、SNSのうっとうしい投稿としてこんな話をしていました。

「朝6時にスタバにチェックインとか、最高にウザい」

チェックインというのは位置情報を使ったSNSの機能で、要するに自分がどこにいるかをフォロワーに自動通知するものです。ですからわざわざ本人が投稿しているわけではないのですが、受け取るほうは「こんなに早くからシャレたカフェで仕事しちゃってますアピール」のように思ってしまいます。いわゆる「スタバで

#ムリヤリア充

ドヤ」です。

朝からスタバにチェックインする人物が本当に高い意識で努力しているのか、キャラとしてそんな自分を見せたいのかはわかりません。ただしSNSというツールは自己顕示欲を増幅させます。無理やりにリア充を装う意識高いふうが増えている可能性はおおいにあるでしょう。

だとすると、本当に意識が高い人なのか意識高いふうの人なのかを見極める眼力が、職場のマネジメントにおいて、重要度を増しているのかもしれません。

関連キーワード

#スタバでドヤ　#てか、ふつー朝6時にスタバ行く？　#よっ、意識高い系！

自分だけが暇なのかも……必要以上に被害妄想が膨らむ

最近、「SNSうつ」というのが蔓延しているそうです。

SNSに投稿される、友達の幸せそうな姿や、楽しそうな活動——いわゆる「リア充」ぶりを見て、「それに比べて自分はなんてダメなんだ」とネガティブな気持ちになってしまうのです。

SNSはまさに「人生を楽しんでいます」報告の宝庫です。もちろん、誰だって退屈な時間くらいあるのですが、そういう投稿はほぼされません。目の当たりにするのは、友達の楽しい瞬間ばかり。それが次々と投稿されるので、相対的に自分はつまらない人間だと思い込んでしまいます。まさに人工衛星からの電波を捉えて相対的に自分の現在位置を把握するGPSのよう。自分の置かれた境遇や充実度、あるいは幸福度のようなものを、他人と比較してしまうのです。

「つまらない人」と見られるのは嫌なもの。だからこそ、自分も投稿しないといけないし、「いいね！」がつかないと不安にもなるのです。

「ちょっとした隙間時間ができたらバイトを入れたい」と話した女子大生（21歳）の動機も、お

#被害妄想GPS

金ではなく、友達と比べて自分だけ暇なのが嫌というものでした。

「人生充実してます」とアピールしなきゃ。そんな強迫観念は、ライフスタイルの価値観にも大きく影響します。今は、ワークライフバランスの流行、ブラック企業への反発、働き方改革の推進など、自分らしく人生を楽しむことに価値が置かれる時代。要は〝社畜のように働いているやつはダメなやつ〟くらいの価値観が主流です。これって若者を部下に持つ上司にすれば、明らかに逆風ですよね。

関連キーワード

#隣の芝生青すぎ問題　#アタシだけリア充じゃない…　#なんか凹む　#ヒマだけはイヤ

ヨコ社会

#プロジェクト型
#マウンティング過敏
#1DAYグルーピング
#コトミュニティ

自分には、大勢の仲間がいる！会ったことないけど

若者にとって理想的な上司と部下の関係とはどういうものでしょうか。

私が多くの職場を見てきた限りの印象で言うなら、彼らが望んでいるのは「仲間」です。人生の先輩と後輩でもなく、ましてや師匠と弟子ではなく、ひとつの仕事を協力して成し遂げる仲間であることを彼らは求めています。

なぜなら、SNS村社会に住む若者は個人と個人が直接つながり、仲間関係が横に広がっていくことに慣れているからです。

SNSを駆使すれば、会ったことのない人とでも容易につながることができます。そこでは年上も年下もなく、経営者でも会社員でも、外国人であっても、個と個でつながっています。フラットでボーダレスな「ヨコ社会」です。

そんな世界で生きている若者からすれば、職場や会社という枠組みは、それほど大きな意味を持ちません。まず組織ありきで働くのではなく、なんらかの目的があって集まった人たちという感覚です。

ですから仕事の仕方も、上司や先輩の指示で盲目的に動く「上意下達型」ではなく、いろん

な人と協力しながら進める「プロジェクト型」を志向します。

SNS上ではいろんな人が知恵や技術を出し合って、ボーダレスに関わっていく「コラボレーション」が当たり前に行われています。それまで接点のなかった人たちが、ツイッターでの交流を通じて新しい仕事を立ち上げるような例も決して珍しくありません。

しかも近年は、ダイバーシティやジェンダーレスが叫ばれ、多様な個性が手を取り合っていく時代感覚です。目的を達成するためなら、できる人とタッグを組んで進みたい。会社や肩書きなんて関係ない。役割分担があるだけです。

「なにを生意気な。まだ、たいした仕事もできないくせに」と憤るオトナもいるかもしれません。もちろん、彼らだって上司がやっている仕事を今の自分がこなせないことは理解しています。ただそれは、やがてできるようになればいいことです。

また一方で、自分たち若者の働きもなければ仕事は成り立たないということもわかっています。だから、上司には、お互いに協力し合える仲間として接してほしいと願っているわけです。

仲間なのですから、どちらかが威張るのはおかしいし、困っている相手を助けようとしないのもおかしい。ましてや、どうしていいかわからないでいる部下に対し、「自分で考えろ」とか「いちいち聞くな」などと言う上司は、仲間と

#プロジェクト型

して不適格だと彼らは判断します。トップの号令でがむしゃらに働いた昭和が『巨人の星』型なら、平成は修行で強敵を打ち倒す『ドラゴンボール』型、そして令和は仲間と助け合う『ONE PIECE』型とでも言えるでしょうか。

そんな彼らに、組織への帰属意識を強く持ってもらうのは、簡単ではありません。それこそ『ONE PIECE』の主人公、ルフィのように、明確なビジョンを掲げて、強烈な仲間意識を共有できるリーダーが必要なのかもしれません。

関連キーワード

#ONE PIECEが神　#よかったらジョインしましょうか　#ヨコから目線　#てかシタから目線

ぶっちゃけ、アナタの上から目線がウザい！

「マウンティング」という言葉を聞いたことがあるでしょう。またがるとか上に乗るという意味です。よく格闘技の実況で「マウントをとる」と言いますが、アレと同じです。最近は対人関係で相手より優位に立とうとする行為に対して「マウンティングする」などと使われます。

オトナ世代は、上から降りてきた話はとりあえず受け止めてきたと思います。上司や先輩が言っていることを「上から目線」とは思いませんし、もちろんマウンティングされているという意識もないはず。多少の疑問や不満があっても「それが仕事」だと自分を納得させてきたことでしょう。

しかし若者たちは、このマウンティングに非常に敏感です。「自分のほうが上」とばかりに知識をひけらかしたり、一方的に話してきたりする人にアレルギー反応を示します。SNSでも、年齢や肩書きに関係なく上からものを言う人は、つながりから弾かれるだけ。

職場の上司や先輩に対しても同じです。だから「部長って、めちゃめちゃマウンティングしてくるよね」などといった会話が平気で展開さ

#マウンティング過敏

れます。そもそも部長は役職上の立場が上です。優位に立とうなどといった意識もないでしょう。しかし、そのくらい若者は「上から来られる」ことに過敏なのです。

ちなみに、マウンティングとは無縁なイメージの代表が青山学院大学の原《はら》晋《すすむ》監督でしょう。選手ありきのフレンドリーな指導に定評があり、体育会系にありがちな部員の上下関係も廃しました。箱根駅伝4連覇という成果が、若者のハートをつかんでいるなによりの証拠です。

関連キーワード

#上からはやめて　#肩書きだけって…　#中身が伴ってないと　#区民プールでは同じ待遇

1回ランチするだけでグループ結成！細切れと使い捨ての仲間たち

「ラインのグループは数え切れないほどある。今使っているのだけでも10個くらい」
「店舗内だけでも3つくらいあるし、一緒にランチに行くだけでもグループを作る」
「使わなくなったグループも消したりしない」

ある飲食店で働く女性（23歳）に、インタビューしたときの話です。いくつものグループが自然発生するのは最近の若者に限った話ではないですが、オトナ世代と決定的に異なる特徴があります。

まずはグルーピングの細かさ。先述の彼女であれば、お店のスタッフ全員のグループがあり、その中でも仲のよいメンバーのグループがあり、また別にランチに行くグループ、休日に遊びに行くグループなどが、まるでマトリョーシカのように小分けになっていきます。これはグループを作る際に、無意識的に仲間を選別しているということ。

また、グループの賞味期限の短さも特徴。ランチ1回のためにグループを作るということは、結成→集合→残骸化という短いスパンの繰り返しが絶え間なく行われているということ。目的

#1DAYグルーピング

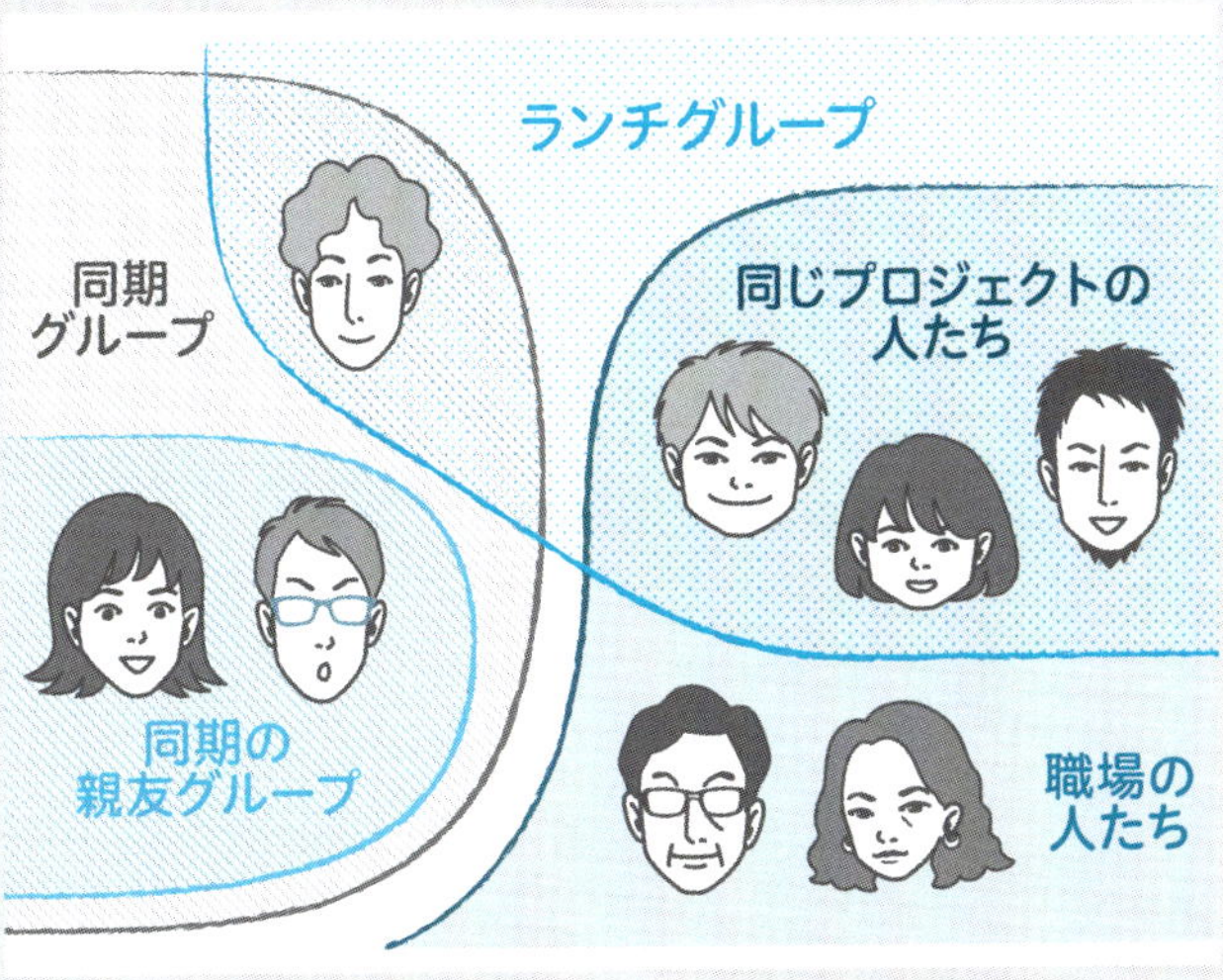
ランチグループ
同期グループ
同じプロジェクトの人たち
同期の親友グループ
職場の人たち

を果たしたグループは、まるでひからびた使い捨てコンタクトのようなものです。

これらは若者の組織に対する価値観に大きな影響を与えています。組織ありきで会社に帰属意識を感じるというよりは、目的ありきで必要に応じて集まった人たちとの絆《きずな》を大事にします。会社という強固な境界線よりも、こうしたアメーバのような流動的グルーピングのほうに愛着を感じやすいのでしょう。

関連キーワード

#グループがマトリョーシカ　#集団的ATフィールド　#昨日の友は今日の敵　#アメーバ的ですけど、なにか？

会社は家族……いやゼッタイ違うっしょ！

ミクシィが登場した頃から、コミュニティという言葉が一般的にもよく使われるようになりました。

オトナ世代も家族や職場、あるいはご近所など、いくつかのコミュニティに所属しているわけですが、若者たちはより広く多くのコミュニティに出入りしています。実際にSNS内にはたくさんのコミュニティが存在しています。この環境の違いが、オトナ世代と若者の生き方や価値観を大きく分けていると言っても過言ではありません。こうしたコミュニティは、友達で構成されるグループとは、また違ったつながりです。

私がインタビューした20代の若者たちも、SNSの力を使って職場とは別のコミュニティに参加していました。Aさん（25歳）は同じ趣味を持った人の集い、Bさん（21歳）は共感したNPOへの参加、Cさん（20歳）はボランティア活動といったように、「コト」でつながるコミュニティに所属しています。しかもそれらは、彼らにとって職場と同じレベルのプライオリティで参加している「生きる場所」なのです。

#コトミュニティ

大雑把に言えば、「モーレツサラリーマン」や「24時間戦えますか?」などと言ってがむしゃらに働いていた世代は、職場と家庭が生きる場所のほとんどでした。そのため職場の人々とは非常に結びつきが強く、公私を共にすることも珍しくありませんでした。職場の若者が飲み会に付き合わないのは、単に冷めているからではありません。彼らには、職場と同じくらい大事な付き合いが他にもたくさんあるのです。

関連キーワード

#多ミュニティ #シングル・インカム&マルチ・ボランティア #モノ語りよりコト語り

イミ漬け

#モクテキ原理主義
#コスパ No.1
#福業

それって意味あります？ 理不尽と書いて無能上司と読む

「それって、やる意味あるんですか？」

職場で若者をマネジメントする人ならば、多くの人が聞いたことのあるセリフではないでしょうか。イラッとして「いいから言われたことを黙ってやれ！」と言いたくなる人もいるかもしれません。でも、それは一番のタブー。若者にとっては、物事の「意味づけ」がなにより大事だからです。

昨今、マネジメントではよく「目標より目的で語れ」と言われます。例えば「うちの店で売上100万やろう！」と言っても、若者は動いてくれません。「私たちの仕事は、お客様のためにあります。お客様の満足が、私たちへの信頼となり、その信頼の積み重ねが100万の売上になるのです」と説明して、やっと腹に落ちるといった具合です。物事の大小にはこだわりはありません。たとえ小さなことでも、誰かのためになるとわかれば真面目にやりきります。

反面、理不尽なことにはものすごいアレルギー反応を示します。

「仕事とは理不尽なものだ。社会とは理不尽なものだ。今までキミたちが生きてきた学生生活とはまったく違う。覚悟してほしい。くわしく聞きたいやつは、3000円握りしめて私のところに来なさい。飲みながら続きを教えてやる」

これは、私が新入社員として出勤した初日に、人事部長が挨拶で語った言葉です。

オトナであっても無意味なことはやりたくなくて当然です。しかし仕事においては「とにかくやれ！」という理不尽が通用していました。なぜなら、経済が右肩上がりの時代には、やれば必ずリターンがあると信じられたからです。

しかし今は、先行き不透明な時代。とにかくやってもリターンが返ってくる保証はありません。若者はただ働きたくないのではなく、「やり損」になるリスクを避けるために、ひたすら合理性を求めるのです。

職場には「理不尽耐性」イコール「オトナの度量」とする風潮が、確実に存在していると思います。しかし意味づけが大事な今の若者にとって、理不尽とは「ブラック企業」や「やりがい搾取」と同列に位置するネガティブワードです。

若者に理不尽な上司とは？　と聞いてみたところ、指示がコロコロ変わる上司や、簡単に前言を覆す上司という声が多数でした。そういう意味で、理不尽とは、無能な上司によってもたらされる職場の災害だともいえます。インターンで働く21歳の男子大学生は、「理不尽なことに反論しても、どうせまた理不尽が返ってくる。だ

#モクテキ原理主義

からやり過ごすようにしている」と言っていました。話がわからない相手は無視するだけ。そして静かに去るのみです。

そんな彼らに、仕事はそもそも理不尽なもの、理不尽に耐えてこそキミの成長がある、などと説こうものなら、自分が無能であると認めているようなもの。途端にそっぽを向かれてしまうでしょう。

関連キーワード

#理不尽アレルギー　#誰得シンドローム
#イミがないと起動しません　#でもナットクすればやります

飲み会のコスパ、残業のコスパ、出世のコスパ、人生のコスパ

デフレの真っ只中で育った今の若者は、無駄遣いをしません。メディアではよく「今どきの若者は欲がない」「お金の使い方を知らない」などと語られますが、無理もありません。若者の多くは将来のお金に不安を抱えています。高度成長期やバブル期のように、イケイケドンドンの夢が見られない時代、「金は天下の回りもの」などという発想を持てるはずがありません。

そんな倹約体質をさらに強くさせるのが、ネットの存在です。価格比較サイトで、口コミやレビューが山ほど読めます。メルカリでお得に買い物ができます。こうした環境が、「1円でも損したくない」という気持ちを助長させているのです。

若者がとにかく気にするのが、コストパフォーマンス。いわゆるコスパです。日用品は百円ショップ、洋服はファストファッション、自動車はシェア、音楽は聴き放題サービス。最低限の価格で機能があれば十分。逆に「なんで高いお金を出してそんなものを買ったの?」と思われることが最大の屈辱。コスパはもはや、若者にとって強迫観念と化しています。

#コスパNo.1

コスパの概念は当然、仕事にも適用されます。飲み会のコスパ、残業のコスパ、出世のコスパ、なんでもコスパです。

「やたら残業して40万円稼ぐより、定時帰りで20万円ならそれでいい」

「叱られまくって40万円稼ぐより、叱られないで20万円のほうがいい」

欲望を刺激するより、コスパに訴えたほうが若者の心は動きます。

関連キーワード

#残業して40万稼ぐより定時帰りで20万 #1円でも損したくない #コスパコスパ言い過ぎ

マネーよりハッピー！「自分らしく働く」に意味がある

今の若者は働くのが嫌いなように見えるかもしれませんが、実はそうでもありません。チアリーディング部の活動とアルバイトを両立させている女子大学生（21歳）が、「ちょっとでも隙間時間があれば、他のバイトを入れたい」と口にしたので、ちょっとビックリしました。ただでさえ部活が忙しいのに、さらにバイトを掛け持ちしようとしているのです。

ウェブ系の会社で働いている男性（26歳）も、土日は自分のアプリ開発にいそしんでいると言っていました。

彼らはひとつの職場で働くことに、まったく執着していません。ベストセラー『ＬＩＦＥ ＳＨＩＦＴ』でマルチな生き方が提唱され、日本の企業でも副業解禁の動きがあります。さらにＳＮＳで多様な人たちとボーダレスに付き合っている若者にとっては、マルチワークが普通のことなのです。副業ではなく複業という感覚でしょう。

そして若者はお金に夢を抱いていません。価値観が多様化する中ではお金が絶対のものではなく、「自分にとってのハッピー」であったり、

#福業

世の中のためになる「ソーシャルグッド」を得ることが、働く原動力になります。
　会社の給料はベーシックインカムのようなものと言ってもいいかもしれません。必要十分なだけ会社で働き、残りの時間で自分らしい仕事をする。複業からの福業。そんなマルチな生き方こそが、若者にとっては普通なのです。

関連キーワード

#かけもち進化形　#副→複→福　#それって、サブ→マルチ→ハッピー　#給料はベーシックインカムってことで

時間価値

#タイムパフォーマンス
#考えるな！ググれ！
#石の上にも3分
#りょ族

時間を奪われるのが最恐最悪のパワハラ

20代の若手社員に何が一番のパワハラかを尋ねたら、意外な答えに最も多くの賛同が集まりました。

「何十分も説教されるのが一番嫌かも。時間を奪われるのが最悪」

てっきり、暴言を浴びせられたり怒鳴られたりする説教がパワハラかと思っていたのですが、それよりも時間を奪われることにハラスメントを感じると言うのです。

これは新たな気づきでした。無茶な仕事を振られるのも、理不尽な指示を受けるのも、結局は時間が無駄になるのが一番のダメージだと、彼らは考えているのです。逆に強烈な説教であっても、パッと終わるのであれば構わないとさえ言っていました。

もちろん、これはひとつの例ですが、若者が全般的に時間に対してとてつもなく大きな価値を見出しているのは確かです。

第2章で見た通り、何百人とか千人超というフォロワーとつながり、いくつものコミュニティに所属して、マルチに活動している若者は、

「仕事の時間と自分の時間を分けたいから、そこに踏み入ってこられるとパワハラと思う。起業したら仕事の時間と自分の時間は一緒になる」

「同じ量の仕事を、昔より短い時間でやらないといけないから、そこは困る。昔の人はいくらでも時間をかけられたが今は違う」

どうやら若者たちには、オトナ世代には仕事に費やせる時間がたっぷりあったけど、自分たちは違うという感覚があるようです。

ところが、それを理解できていないオトナは、自分の時計で若者を縛ってしまいます。一言で結論を伝えればいい話をだらだら続けたり、わざわざ会議するまでもない内容なのに仰々しく

オトナが想像している以上に忙しい毎日を送っています。そんな中で、どうやって時間を生み出すか、そしてその時間で何を生産するか。「コストパフォーマンス」ならぬ「タイムパフォーマンス」を常に追求しているのです。

定時に帰りたがるなどと言われることもありますが、若者たちも働きたくないわけではありません。私が聞いた若者の時間に対するコメントをいくつか紹介しましょう。

「親とかの世代は長時間働くことを正当化している」

「金はツール。時間を買うツール」

「ブラック企業は適切な評価や賃金がもらえない企業。いくら長く働こうが評価されればいい」

#タイムパフォーマンス

集められたりすることは、若者にとって苦痛でしかありません。
上司の時間も部下の時間も平等に流れているという認識が大事です。

関連キーワード
#時間資本主義　#可処分所得じゃなくて可処分時間　#タイムハラスメント　#それ生産性低くないすか？　#時間だけは平等

スマホは脳の一部！そこに答えが書いてある！

私の苦い体験をお話しします。以前、社内で若い社員と打ち合わせをしていたときのことです。私は話の流れで、ある飲食チェーンの店舗数を出そうとしました。

「えー、確かここの店舗は全部で百……」

「あ、152店舗です。ちなみに首都圏では55店舗です」

「お、おう。ありがとう」

若者の検索スピードはすごい。こちらがうろ覚えの知識でごまかそうとしている間に、もう食い気味で正確な数字をかぶせてくるわけです。

それどころか関連情報までサラッとつけ加えたりして。これではまるきり立場がありません。こういったエピソードに心当たりのあるオトナは多いはずです。

若者は情報を自分の頭にインプットしておくよりも、その場で適宜検索したほうが、よほど無駄がないと考えています。彼らにとっては、それが合理的な時間の有効活用でしかないのです。だから彼らはいつもスマホを片手に仕事をしています。打ち合わせ中にスマホをいじられると「話を聞いてんのか？」と思ったりもしま

#考えるな！ググれ！

すが、実はその間に調べものをしたり、決まったことを先回りしてメールで送信したりしているわけです。逆に、その場ですぐに使えるツールを「文鎮」のように置いておくオトナに「なんで？」と思っています。

一方で、立ち止まって考える時間はどんどん削られています。自分でアレコレ考えている間に、さっさとネットの中にある答えにたどり着くほうがいい。この「とりあえずググる」価値観が、次項の「#石の上にも3分」につながっているのです。

関連キーワード

#スマホはトモダチ　#解答まで時速120キロ　#超ウルトライントロクイズってあったよね

石の上で3年も費やすムダ

オトナは時折、若者に修行の機会を与えようとします。

「まずは1回、自分で考えてみてよ。それから打合せしよう」

なんでもすぐに答えをほしがるな。自分で考えるようになってほしい。そうした悩みの時間や、立ち止まって考えること、それが経験値となって成長につながる。そんな想いで、あえて課題を与えるわけです。

しかし残念ながら、若者にその想いは届きません。「なんだこの無駄なやり取り」と思われるのがオチです。彼らは「無駄なく最短ルートで成長したい」と考えているのです。

インターネットやSNSには、さまざまな情報が存在します。そこには仕事の解もたくさんあると、彼らは信じています。自らが難しいことに挑んで無駄に時間をかけるより、SNS上の友達から答えを聞けばいい。そのほうが仕事も捗るとナチュラルに考えているのが若者です。

同じような価値観から、若者はジョブローテーションを好みません。その昔、狭き門を勝ち抜き念願のレコード会社に就職した友人が、最

#石の上にも3分

初に総務課に配属されました。彼はオフィスの電球を替え、トイレが詰まったら掃除するという修行期間を経て、プロデューサーに上り詰めました。このエピソード、オトナ世代には美談ですが、若者にはまったく意味不明でしょう。
何事も続けることで道が開けると信じて、「石の上にも3年」を地で行っていた時代もありましたが、今の若者は3年も時間を無駄にできません。せいぜい3分です。

関連キーワード

#修行とは　#ジョブローテの意味がわかりません　#キャリアの最短ルートを検索します♪
#急がば回らないってことで

ツーと言えばカー。「りょ」と言えば「了解」

本書の第1章で、「お世話になります」のような定型文は本当に必要なのか？　という若者とオトナの衝突を見ました。これは確かにうなずける部分もあるのですが、若者のスピード感は、それどころではありません。

ラインでのやり取りを見ていると、もはや文章どころか、単語さえ存在しないことに驚きます。例えば「了解」は「りょ」、もしくは「り」だけで済んでしまいます。私が「お世話に……」の「お」を打っている間に置き去りにされるスピード感です。

そもそもラインでは、「スタンプ」ひとつでニュアンスまで伝えられるほど、ハイコンテクストなコミュニケーションが成立しています。もはや簡単な意思疎通はビジュアルや記号だけで済んでしまうわけです。丁寧さや礼儀よりも、端的に伝わる合理性をとる若者らしい文化だと思います。

とはいえ仕事とプライベートは違うというのがオトナの感覚でしょう。お客さんや上司に「りょ」なんて送ったら、とんでもないことになります。

#りょ族

ただ、それも生産性を追求しなければならないこれからの時代を考えると、いずれ若者側にアジャストしていくことになるのかもしれません。業務の機械化が進めば、人間らしい情緒もどんどん不要になっていくでしょう。

オンラインの世界で育ってきた世代にとっては、そんな感覚がとっくに芽生えているのかもしれません。

関連キーワード

#よろ族 #り族 #ルーツはメリクリ族か #あけおめことよろ族もいた #そういえばググるってのも省略系

最後に、20のキーワードから見えてきた若者の心理を整理してみました。

彼らは「ヨコにつながる仲間コミュニティ」を基盤に、「バリバリ目立つのは嫌だけど認められたい」葛藤を抱え、「意味や目的のないムダな仕事はしたくない」こだわりを持っていることがわかります。

そんな若者と職場でどう向き合えばいいのか？ それは第4章で解説します。

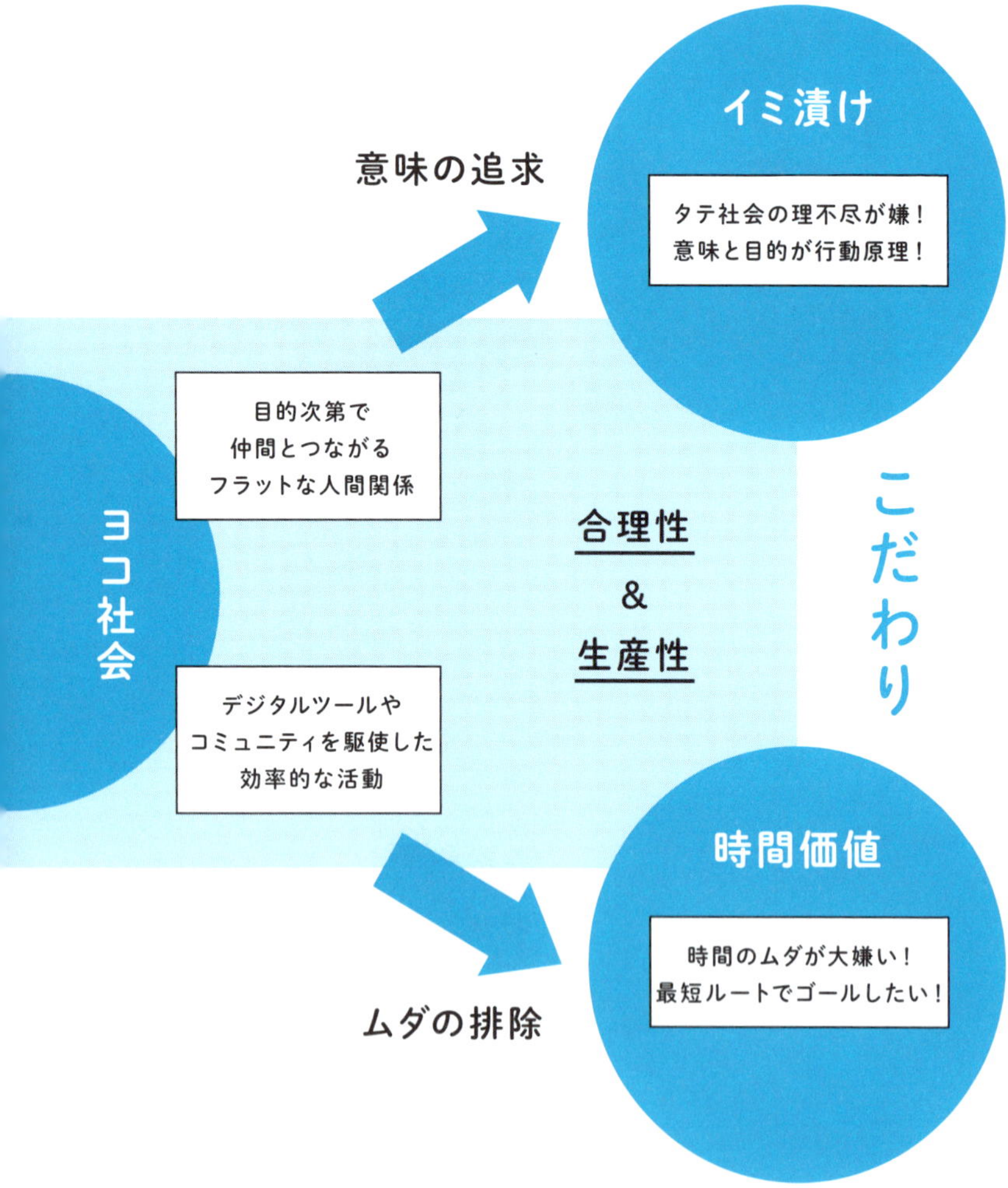

【まとめ】結局若者は何を望んでいるのか？

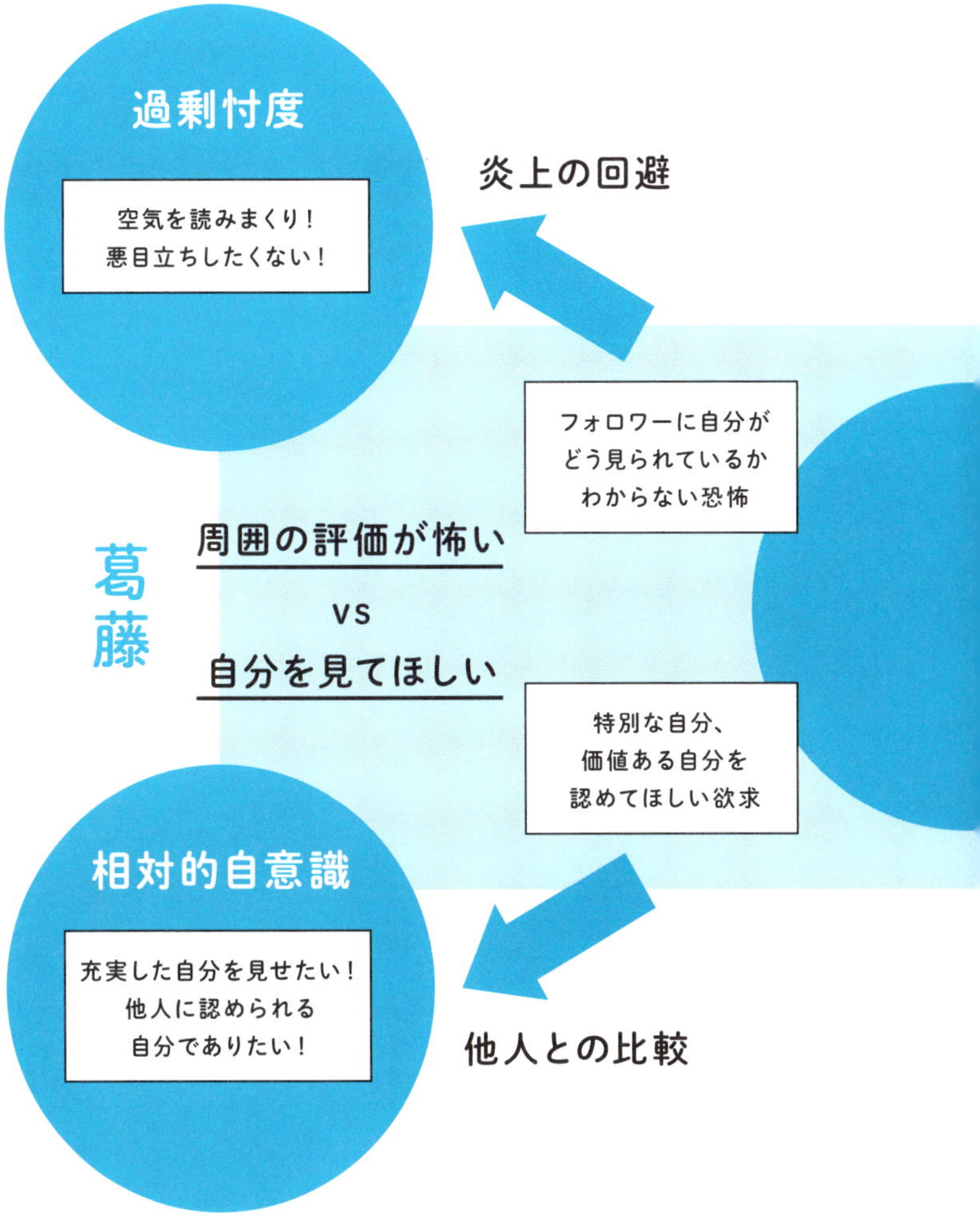
過剰忖度
空気を読みまくり！
悪目立ちしたくない！
炎上の回避
フォロワーに自分がどう見られているかわからない恐怖
葛藤
周囲の評価が怖い
vs
自分を見てほしい
特別な自分、価値ある自分を認めてほしい欲求
相対的自意識
充実した自分を見せたい！
他人に認められる自分でありたい！
他人との比較

第4章

オトナは若者とどう向き合うべきか

3×3のコミュニケーションメソッド

ここまで見てきた通り、若者が生きている「SNS村社会」と、オフライン中心のオトナの社会の間には、随分大きな隔たりがあります。もちろん若者の全てを解き明かすことは不可能ですが、「タテ社会が苦手で、常に周りから見える自分を気にしていて、超合理的」な若者像について、少しは、接近できたのではないでしょうか。

もしかしたら読者のみなさんの中には、「やっぱり若いやつは扱いにくい」と感じた人もいるかもしれません。一方で、若者の住む「SNS村社会」を少しのぞき見たことで、ちょっとだけ彼らに歩み寄ることができそうだと感じた方がいるかもしれません。

とはいえ、これで「若者の取り扱い方がわかった」という域に達するほど簡単ではありません。何を考えているかわからず「取扱注意」だった若者のナゾが、ある程度解けたとしても、職場のオトナが「もう若者に必要以上に気をつかうことがなくなった」とか、「理解できずにイライラしたりすることもない」という状態までは、まだ相当に長い道のりでしょう。

根本的なギャップが、知らぬ間に日常的なやり取りの中で若者の不満やストレスになって溜まっていき、突然の「辞めます宣言」につながっているとすれば、そのギャップを埋める処方箋も必要となります。

さて、この章では、若者とのコミュニケーションのポイントを考察していきます。若者から聞いた「こうしてほしい」という話や、マネジメント側で「うまくいった」という話をもとに、コミュニケーションのあり方について、私なりに再構築してみました。集まった話をそのまま紹介するのでは、さすがに芸がないし、できるだけ汎用性や再現性を高めたいという気持ちもあってワークに取り組んでみました。

まず、集まった若者のリクエストや、オトナの持つベストプラクティスをシャッフルして並べ替える作業から始めました。

そこから見えてきた若者とのコミュニケーションのキーワードは、**「上から目線ではないフラット目線」「一人ひとりを意識した個人レベルの対応」「レスポンスの重要性」の3つ**に集約されます。これは、第3章で見えてきた「タテ社会が苦手で、常に周りから見える自分を気にしていて、超合理的」という若者の傾向と、完全に合致しています。逆に合致していなければおかしいわけですが、やはりコミュニケーションの成功例は、若者の思考を写し出していました。

タテ社会が苦手な若者には、当然ヨコから目線の会話が大事です。むしろ若者を主役とするファシリテーション思考が求められます。また忖度と自意識の間で自分のキャラを演じる若者の個に寄り添う感覚も必要。レスポンスは、合理的で常に生産性を気にする若者に対するクイックレスポンスの側面はもちろん、若者の承認欲求を満たすという側面から極めて重要なコミュニケーションです。

そして、これらのキーワードに、一般的なマネジメントセオリーを補助線として引いてみます。それは、**①まず関係性を作る、②共感を育み、心理的安全を提供する、③**

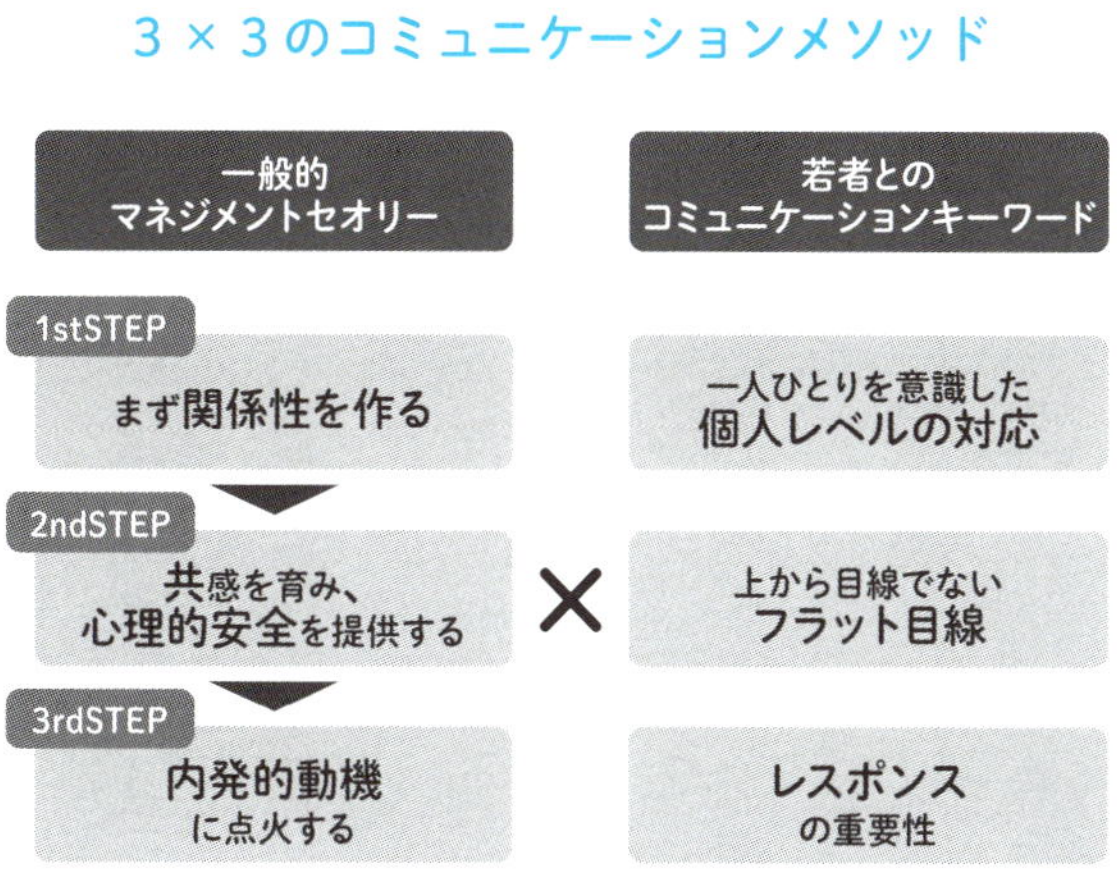
3×3のコミュニケーションメソッド
一般的
マネジメントセオリー
若者との
コミュニケーションキーワード
1stSTEP
まず関係性を作る
一人ひとりを意識した
個人レベルの対応
2ndSTEP
共感を育み、
心理的安全を提供する
×
上から目線でない
フラット目線
3rdSTEP
内発的動機
に点火する
レスポンス
の重要性

内発的動機に点火する、という王道のプロセスです。

こうして、若者コミュニケーションに特有の3つのキーワードと、マネジメントセオリーの3つのプロセスをかけあわせることで「3×3のコミュニケーションメソッド」として整理してみました。「若者のトリセツ」とまではいかないかもしれませんが、コミュニケーションのヒントが、少しは見えてくるはずです。

1stSTEP
関わる・近づくコミュニケーション

まずは若者にちょっと近づくための、日々のベーシックなコミュニケーションです。ポイントは、**コミュニケーションの「質より量」を意識する**こと。

最近の若者は雑談が苦手だとか、興味のない話をしたがらないなどといわれます。みなさんの職場にも、黙々とデスクに向かっていて「話しかけないでオーラ」が出まくっている若者がいるかもしれません。

でも、だからといってオトナが距離をとってしまうと、結局、若者が理解できずに気をつかう毎日が続いてしまいます。それに、若者は人と関わることが嫌いなわけではありません。**面倒なタテの人間関係が苦手なだけで、「居心地のいいフラットな人間関係」自体は強く求めています**。

先日、とあるバーで一緒になった若者（男性・26歳）は、大学院卒の新卒1年目。実は先輩や上司からの飲みの誘いを待っているのだと話してくれました。彼なりに職場に溶け込みたい、また仕事について職場では聞きにくいことを教えてもらいたい、と極めて真面目です。しかし彼の職場では「アルハラ（アルコールハラスメント）」を気にする空気が蔓延しているらしく「まったく誘ってもらえないんです」と嘆いていました。こんな若者もいるんですよね。やはり、ここはオトナから積極的に関わっていくことが必要なようです。

働く人のメンタリティは、「マズローの欲求5段階説」を使ってよく説明されます。
ご存知の通り、「マズローの欲求5段階説」は①生理欲求、②安全欲求、③社会欲求、④承認欲求、⑤自己実現欲求の順に、段々と欲が満たされることで高次の欲求が湧いてくるという説です。

しかし現代の日本の若者には、この5段階が当てはまりません。**生まれたときからモノがあふれ、日本という安全な国で育っているので、①生理欲求、②安全欲求は基**

若者版「マズローの欲求5段階説」

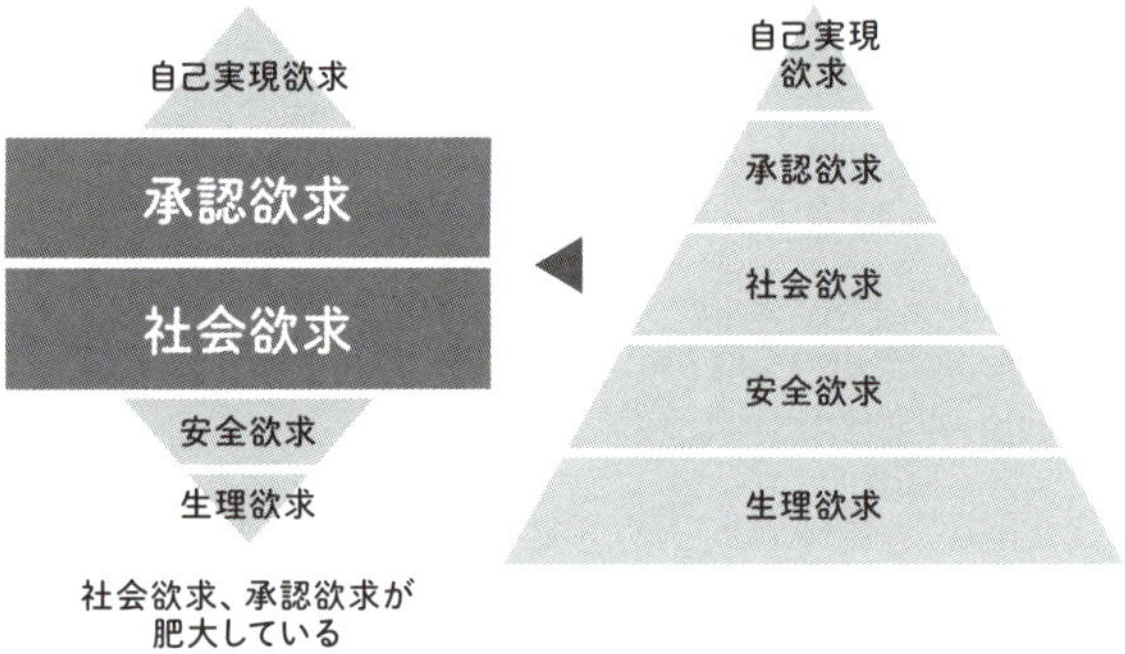

本的に満たされています。スタートラインが第3段階なのです。

つまり**③社会欲求＝どこかに所属していたい欲求と、④承認欲求＝価値を認められたい欲求が、異常に肥大しているのです**。これがSNS村社会と強くリンクする部分です。たくさんの人とつながることができて、「いいね！」がもらえるSNSは、社会欲求と承認欲求を満たす格好のツールでした。だからこそ爆発的に普及したといえますが、その一方で、より一層、若者の社会欲求や承認欲求を増幅させていったのです。

そして、これは最低限の生活をする場所が

ほしいという物理的な欲求ではなく、「人間関係の中に確かに自分がいる」こと、そして「自分の価値や必要性が認められている」ことを望んでいる精神的な欲求です。ですから、単に雇用関係が結ばれているという安心感だけではダメで、**「みんなが自分の存在を認めて必要としてくれている」と感じられなければならない**のです。

今、**職場のマネジメント層に求められているのは、若者の「居場所を作り出すこと」**と言っても過言ではありません。

なんて面倒な……と思うかもしれませんが、実は今までやってこなかっただけで、簡単な声かけひとつでも彼らに居場所を感じてもらうことはできます。毎日できることで、ちょっと近づくことから始めてみてはどうでしょうか。

個レベル対応

「呼び方」を意識するだけで、距離感がフィットしていく

職場での呼び方は、かなり重要なコミュニケーションツールです。

まずは、肩書きや役職の問題。何度も述べてきたように、ヨコ社会に馴染む若者にとって、肩書きや役職は「職務の違い」を示すものでしかありません。どちらかというと、人間性でオトナを判断しています。なのに、わざわざ「課長とヒラ」のような上下関係を意識させると、距離が遠のいてしまうのです。若者とヨコ社会的な関係を築くのであれば、**「店長」「課長」などの役職で呼ぶ文化はなくしたほうがいい**でしょう。

また許されるのであれば、あだ名で呼び合うようにするのも効果的。ＳＮＳの中で

いくつものハンドルネームを使い、キャラを確立している若者からすると、どんなふうに呼ばれるかは、個性や自意識と直結しているのです。

そして、**名前を呼ぶことは、実は承認欲求を満たすことにつながります**。どんなに騒々しい場所でも自分の名前などだけは聞き取れることを「カクテルパーティ効果」というらしいですが、それくらい名前を呼ばれることって、実は特別で嬉しいことなんです。

私がよくやるのは、**会議などであえて名前を呼んであげる**こと。「今、○○さんが言ってくれたみたいに……」などと、わざわざ言うんです。これは、私自身が上司にされて嬉しかった実体験をもとにしています。ささいなことのように思えるかもしれませんが、こうやって相手の存在をしっかりと認めることは、案外、大事です。「おはよう」じゃなく「○○さん、おはよう」。「あのさ」じゃなく「○○さんさ」。普段の会話をちょっと変えるだけで、若者には「居場所感」が生まれます。

フラット目線

「フォロワー感」を小出しにすると若者は安心

若者は、例えばインスタグラムでフォロワーが自分に何も反応しなくなると不安でたまりません。それと同じで、**職場でも「見てもらえている」かどうかを、かなりセンシティブに捉えています**。

アルバイトの定着率が極めて高い居酒屋チェーンで店長を務める女性（27歳）は、「コミュニケーションは数」だと言っていました。彼女もまだ20代の若者なのですが、飲食店の接客コンテンスト「S1サーバーグランプリ」での優勝経験もあるカリスマ店長。従業員満足を顧客満足につなげる若者マネジメントの上級者です。

飲食店のアルバイトは、全産業の中でも特に人手不足が著しく、定着させるのも簡単ではありません。そんな中で彼女が若者の心を掴んでいるのは、マメなコミュニケーションで相手の存在を認め、「自分に居場所がある」と思わせているからではないでしょうか。

また、正社員の20代部下を抱える大手企業の営業リーダー（男性・35歳）も、かなり細かく部下をウォッチしていると言います。彼は女性部下の**「アイラインの入れ方の変化までわかる」**と豪語していました。

おっさんが若い部下に「化粧変えたね」なんて言ったら「キモっ！　セクハラ」とか思われちゃうのでは……と不安になりますが、そこまで踏み込む必要はありません。**大事なのは「部下みんなを気にかけているよ」と伝わること**です。

「髪、切った？」「服、なんかいつもと違うね」「いいね」と誰にでもさらっと触れれば十分。変に感情がこもってないほうがいいくらいです。

そうです。「タモさん」のようになればいいのです。

「特に休み明けは一声かけるチャンス」というアドバイスも、添えておきましょう。

レスポンス

返答に困っても、とりあえず「一言即レス」

若者からの報告や相談がメールであったとき、「ちゃんと答えないとマズいから、後にしよう」なんて1日寝かせたりした経験はないでしょうか。プレイングマネージャーだったりすると、自分の仕事も忙しいので、なかなかすぐには返答できない場面もありますよね。そんなときは、**素早くベストな回答をしようとせず、一言だけでも即レスしておけばOK**です。

第3章で見たように、若者はノーレス状態に「あれ？」と思ってしまいます。「何か変なこと送っちゃったかな」「もしかして自分は軽く見られているんじゃないか」などと勝手に不安になったりします。ツイッターやインスタグラムで「リプライ」を送るのは、そういう気持ちの裏返しです。

そして、なんといっても大きな影響を与えているのがラインです。**既読スルーが許されないのは「SNS村社会」の典型的なマナーのひとつ**です。ですから、彼らはとりあえずであろうがレスを怠りません。スタンプひとつでも必ずリプライします。

そのくらい、とりあえず一言返すことは、実はかなり重要なのです。

「ありがとう」とか「後で返すね」と送るだけで、相手には「ちゃんと見てるよ」というメッセージは伝わります。少なくとも、オトナ側の事情で寝かせたりするより、よっぽどマシに見えるはずです。

繰り返しますが、職場においても「既読スルー」は許されません。

2ndStep 共感と安心を育むコミュニケーション

コミュニケーションの数を増やすことで、若者との距離感が近づいてきたら、次に必要なのは、彼らとの本質的な信頼関係を築くことです。もう少し詳しく言うと、他人の反応に怯えたり、羞恥心を感じたりすることなく、自然体の自分をさらけ出すことのできる環境を提供することです。

これは、**「心理的安全（Psychological Safety）」**という心理学用語にもとづいた考え方です。ご存知かもしれませんが、グーグル社（現アルファベット社）が、「プロジェクトアリストテレス」などの成果報告として発表したことで、この「心理的安全」という言葉が注目を集めました。4年もの月日をかけて実施した大規模労働改革から**「心理的安全性は、成功するチームの構築に最も重要なものである」**との結論を導いたのです。

ビジネスシーンにおいて、本来の自分とは大きく異なる仕事用の人格を演じることなく、**普段通りのリラックスした状況で仕事に臨むことができる状態がベスト**。そうアメリカ随一のＩＴの巨人が言うわけですから、相当な説得力です。

わかっちゃいるけど、それが難しいわけでしょ。読者のみなさんから、そんな声が飛んできそうですね。確かに、かなり大上段からの「あるべき論」ですし、実現難易度が高そうに感じられます。

しかし、心理的安全は、まさに若者にとって必要なものです。同僚からバカにされないだろうか、上司から叱られないだろうか……ただでさえ過剰に忖度しがちな若者は、心理的安全を渇望しています。

１ｓｔＳＴＥＰで、若者が「自分はここにいていいんだ」と感じられる居場所作りが重要だと述べましたが、さらに一歩進んだ**「何を言っても否定せずに受け止めてくれる」居場所作りが次のステップ**です。

そんな心理的安全の提供に近づくために、ここで信頼関係を構築するためのコミュニケーション理論をご紹介しましょう。それが**「ジョハリの窓」**。「開放の窓」「盲点の窓」「秘密の窓」「未知の窓」という4つの窓で、自己分析をしながら他者との関係を知ってコミュニケーションを模索する心理学モデルです。

ジョハリの窓

自分はわかっている
自分はわかっていない
他人はわかっている
他人はわかっていない
I.開放の窓
開放された自己
(Open Self)
II.盲点の窓
自分は気づかず、
他人からは
見られている自己
(Blind Self)
III.秘密の窓
自分はわかっているが、
他人には開示して
いない隠された自己
(Hidden Self)
IV.未知の窓
誰からもまだ
知られていない自己
(Unkown Slef)

信頼関係を築くには、「秘密の窓」と「盲点の窓」が重要とされています。

「秘密の窓」は、隠している自己。これをさらけ出すことでグッと人間関係が緊密になります。ある居酒屋チェーンの人事責任者（男性・39歳）は、新人導入研修のプログラムとして自分の半生を語るコーナーを設けています。アルバイトで入社してから店長を経て本部の役員になるまでの成功体験を語っているのかと思いきや、これまでの挫折体験に重きを置いているとのこと。それこそ仕事に限らずプライベートでの子育て失敗談まで。**「従業員とホンネで付き合おうと思ったら、まずこっちが真っ裸になんないと」**という彼の言葉には説得力があります。

もうひとつが「盲点の窓」。若者はこの「盲点の窓」に非常に敏感です。**自分は気づいていないけれど、他人に見えている自分。ここをうまく刺激してあげることです。**自分が思ってもみなかったいいところを、職場でどんどん発見される。それによって若者の承認欲求は満たされていきます。そして安心感がもたらされると、徐々に若者自身の「秘密の窓」が開いてくるのです。

グーグルも提唱する「心理的安全」の提供。確かに一朝一夕に実現できることではないかもしれませんが、**基本的には「自分から素をさらけ出す」「若者が自覚できてないちょっとした長所を見つけてあげる」というふたつの行動で十分。**その繰り返しが共感を育んでいき、徐々に関係が作られていくのです。

個レベル対応

褒めは質より量！「プチ褒め」「プチ感謝」でOK

いつもしかめっ面で怒ってばかりの厳しい師匠が、最後の最後で「よく頑張ったな」とポツリ。またしかめっ面で歩き出す師匠の背中を、目に涙を浮かべた弟子が追いかけていく……。**若者はこんな「ドラマティックな光景」は望んでいません**。

第1章のケース2にもあったように、渾身の大褒めよりむしろ「プチ褒め」が望まれています。とにかく質より量。これは先述した「ジョハリの窓」理論ともリンクしています。本人の個性に刺さるちょっとした褒めの連続が「盲点の窓」を刺激してくれるのです。

個の長所を見つけて褒めるのが理想ですが、「プチ感謝」でも十分効果的。例えば報連相には必ず「ちょい足し」して返す。言葉はなんでも構いません。**「よくなったな」と褒めてもいいし「大変だったろう」と共感してもいいし「助かったよ」と感謝を伝えてもいい**でしょう。

褒めのプロといえば、松岡修造さん（51歳）。彼は「ほめくりカレンダー」を発売するなど、いまや日本における褒めの第一人者。ただ褒めるのではなく、相手をちゃんと把握して褒めるのに定評があります。産業能率大学が毎年発表している「理想の上司」で、近年三連覇していることからも、職場における褒めの効き目がわかりますよね。オトナが目指すべきは、シューゾーです。

年代別理想の上司

平成16年	星野仙一
平成17年	古田敦也
平成18年	古田敦也
平成19年	所ジョージ
平成20年	所ジョージ
平成21年	イチロー
平成22年	イチロー
平成23年	池上 彰
平成24年	橋下 徹
平成25年	イチロー
平成26年	堺 雅人
平成27年	松岡修造
平成28年	松岡修造
平成29年	松岡修造
平成30年	内村光良

Cf）産業能率大学

フラット目線

「イエローカードの基準」を示すことが上手な叱り方のポイント

「プチ褒め」や「プチ感謝」が大事だと述べましたが、それは甘やかしていいという意味ではありません。もちろん、**叱るべきときは叱る、間違いは正すのがオトナの役目**です。しかし、「怒られ慣れていない若者」をどう叱ればいいのか。一歩間違うと辞めるに直結してしまう、一触即発の難しいコミュニケーションともいえます。今、「アンガーマネジメント」というトレーニングが、大注目されています。**正しい叱り方を学ぶ必要性が高まっているのでしょう**。

当然ながら、上から目線で理不尽に怒鳴り散らすのはもってのほか。「怒る」のではなく「叱る」でなければなりません。そのためには**「叱る基準」をブレさせないこと**

です。褒めるときは相手の個性に合わせる。**叱るときはフラットで一律の基準を持つ**。この使い分けです。

例えば「今日中に提出しなさい」と指示した資料が、いつ出てきたらあなたは叱りますか？　定時を過ぎたらでしょうか。あるいは、0時を過ぎたらでしょうか。どちらでも構わないのですが、とにかく「これを破ったらイエローカード」というルールを設定して示しておく必要があります。

しかし、**このルールがブレている人が実は多いのです**。あるときは定時を過ぎても叱らなかったり、あるときはギリギリ時間内に提出されたのに叱ったり。もしくは「今日中」がいつなのか、はっきりしていなかったり。つまり、**気分によってルールが微妙に変わっていることがあるのです**。これが若者から見た理不尽の正体です。

審判に抗議するサッカー選手を思い描いてください。ファウルの判定基準が曖昧だと、いくらイエローカードを出しても試合は落ち着かず、むしろ荒れ試合になって退場者が続出します。逆に、事実に基づく判定基準がしっかりしていれば、若者は素直に話を聞いてくれますし、ファウルを犯さないように努めます。

フラット目線

「ダメ出し」と「フォロー」のツンデレ効果

上手な叱り方のコツ、その2です。たとえ納得の理由で叱られたとしても、しょっちゅう叱られていると、自信を失ったりします。特に若者は「そんな自分が嫌だ」とか「いつも叱られているダメなやつと思われたくない」という自意識が強めです。

ダメ出しの言いっ放しは、どんどん二次被害を生んでしまいます。否定されると言われたほうは萎縮してしまうからです。またダメ出しされるのを怖がってしまって、意見を言うのが苦手になったり、自分なりのチャレンジをするのが嫌になってしまいます。「私には無理」「僕には向いていない」と思い込み、「辞める」につながりかねません。これでは「心理的安全」の真逆です。

そんな彼らには**「ダメ出し」と「フォロー」をセットにします**。若者っぽくいうなら「ツンデレ」でしょうか。

「提出時間を過ぎてるぞ。ダメだよ、決められた時間内に出さないと。（↑ツン）中身はよくできているんだから、もうちょい早くできたら完璧だな！（↑デレ）」

こんな具合です。ダメなことはダメとはっきり言わねばなりません。しかし「プチ褒め」をくっつけることも忘れないようにします。注意ができないとマネジメントが難しくなるばかりですが、ちょい足しでフォローを入れるとやりやすくなります。

最後に、ラグビーの平尾誠二さんが遺した4つの心得を紹介しておきましょう。

・プレーは叱っても人格は責めない
・あとで必ずフォローする
・他人と比較しない
・長時間叱らない

さすがは日本代表監督も務めたラグビー界のカリスマ。深いです。

レスポンス

感想というアウトプットを吐き出させる

自分が何を言っても大丈夫だと思える環境。こうした「心理的安全」の境地に若者が達するためには、**できるだけアウトプットをさせることが重要です**。

しかし若者ははっきりとした自己表現を避ける傾向があります。第3章で解説したように、彼らは周囲の目や、職場での自分のキャラを強く意識していて、間違えたり炎上したりすることをひどく恐れているからです。

そんな若者の考えをアウトプットさせるために参考になるのが、最近流行りの「消える系」SNSではないでしょうか。「消える系」というのは、一定の時間で投稿が削除される、インスタグラムの「ストーリーズ」のような類です。

「消える系」が人気なのは、まさに残らないこと。インスタグラムで投稿して「いいね！」が少ないと、その無残な状態がずっと晒され続けるわけです。他人の目を気にする若者にとって、この状況は屈辱以外の何物でもありません。**24時間で消えるストーリーズにポンポンとノリでアップできるのは、後に残らないから。炎上するリスクも少ないからです**。

職場でも、このような消える系の環境を整えてあげることはできます。賛否を問うたり、自分の考えとしての発言を求めたりするのは、いったん封印します。そして**判断や決済はリーダーである自分がくだすものだとはっきり示したうえで、「感想」を聞いてみましょう**。どう感じたかには責任は生じません。議事録にも残りません。

このようにして、とにかく**少しでも若者からのレスポンスを得る**のです。感想であっても何かをアウトプットする。それを**否定されずに聞いてもらえる**。この経験の積み重ねは、確実に若者の「心理的安全」を高めます。消える系でいいので、とにかく最初の一歩を躊躇させないこと。ＳＮＳ村社会的な若者の感覚をうまく利用して、少しずつ自主性を引き出していきましょう。

3rdSTEP
やる気を引き出すコミュニケーション

最後のステップは、ズバリ若者の動機づけです。

正直、若者にやる気を出してもらえるなら苦労はないというか、これまでのステップも全てそのためのものといえるのですが、あえてここでは「職場に居場所を感じてもらうこと」と「仕事に対するやる気を出してもらうこと」を区別しています。なぜなら、居心地はいいけど仕事はつまらないという若者もいますし、モチベーションを高めるコミュニケーションは、よりテクニカルで難しいものだからです。

そもそもの話から始めると、モチベーションの源泉がオトナ世代と若者とでは結構違います。具体的に言うと**外発的動機と内発的動機の違い**です。

ここまでも何度か述べてきましたが、オトナは外発的動機である程度はモチベーションを保つことができました。職場で目標が設定されて、リーダーの管理のもとで、

「仕事だからやるしかない」といって働く構図です。その代わり、愚直に指示に従って目標を達成すれば、それ相応の見返りがありました。それが終身雇用であり、出世であり、賃上げであり、ボーナスであり退職金です。結局、外発的動機が「これも将来のためだ」という内発的動機に転換されていたわけです。

ところが若者はそれだけではモチベートされません。**終身雇用や出世といった見返りを期待していないし、求めてもいない**からです。そんな彼らに**上意下達で目標を与えてガチガチに管理しても、その先に喜びがないので「やらされ感」しかありません。**

ではどうすれば若者をやる気にさせられるのでしょうか。内発的動機づけの条件を簡単に整理すると、次のようになります。

「目標を与える」のではなく「目的を共有」して、自分が役に立っていることを感じながら、やりたいことをリーダーがフォローしてやらせてくれること。

「そんな仕事あるか！」という怒りは一度胸に納めてください。彼らにとって仕事は「やれば報われるもの」ではなくなっているので、オトナとは違った感覚があって当然なのです。

そして、チームの作り方もやる気を引き出すのに大きく影響します。**ヨコ社会で「プロジェクト型」のつながりに慣れた若者は、「役割分担できる上司」を求めています。**

あるアパレルブランドの女性マネージャー（38歳）は、こんなことを言っていました。

「私の成功体験を見せるだけだと、皆が同じようにできるわけではないので、最初はうまくいきませんでした。そこで全員の強みと弱みを洗い出してみたら、お互いの強みがバラバラで、役割分担してフォローし合うチームという形ができました。そうするとみんなが自分の貢献を実感できるようになったし、アウトプットにもつながりました」

本来、組織での仕事というのは、このような役割分担が理想的。ところが、つい自分の成功体験をベースに役割分担してしまう。「なんで自分が若い頃にやってたことが部下にはできないんだ」と悩むリーダーもいますが、**若者は自分の能力や特性をチームに活かしたいのであって、上司の縮小コピーになりたいわけではありません。**働き

モチベーションの構造

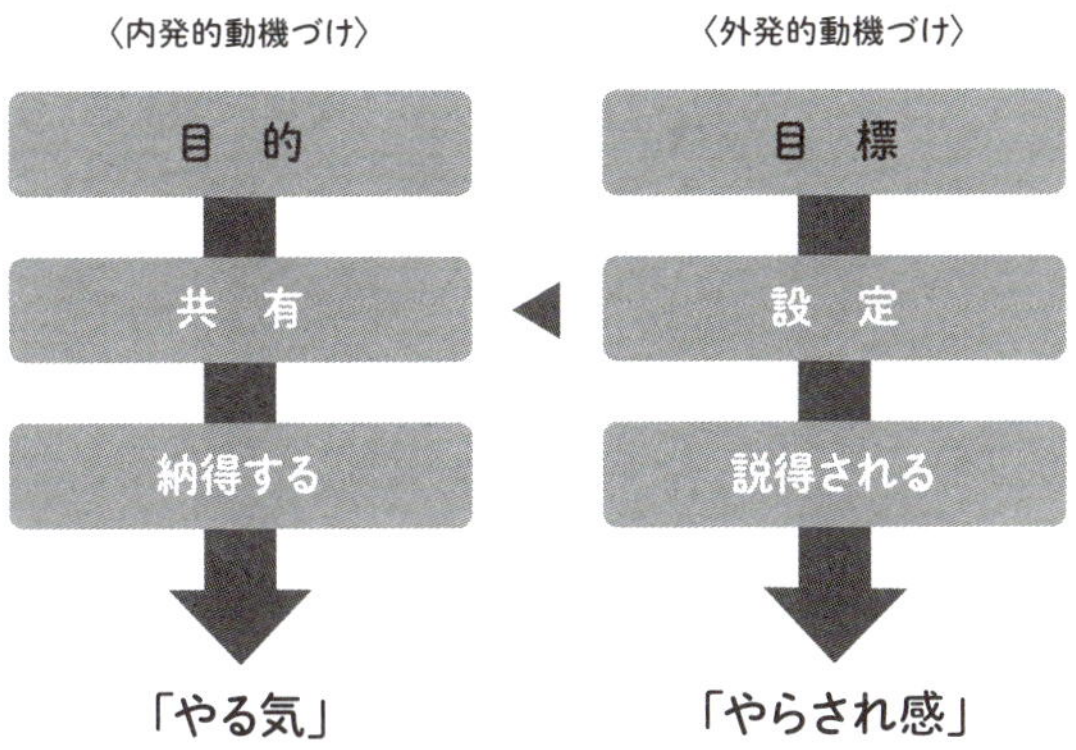

かけるポイントがずれているのです。

私が若者にインタビューしたとき、言われたら燃える一言として「他のやつには頼めない。君にやってほしい」「まずは好きなようにやってみろよ」「俺がフォローするから安心しろ」に票が集まりました。若者は安心して頑張れるチームを強く望んでいます。一度上下関係を忘れて、フラットなチームのプロジェクトとして捉え直してみると、仕事も楽になり、若者もモチベーション高く働けるようになるかもしれません。

個レベル対応

「8割テンプレ・2割余白」で考えさせる

若者は基本的に、仕事は任されるほうがやりがいがあると考えています。しかしオトナにとってわかりにくいのは、「すぐに答えをほしがる」ことと「単純作業はやりたくない」という二面性を感じるところでしょう。任されたいのか指示してほしいのか、どっちなんだ？　という声をよく耳にします。

結論から言うと、両方必要です。ただし**「10割言われた通りにしろ」はNG。感覚的には「8割テンプレ・2割余白」あたりがベスト**です。

どういうことかというと、**まず型を教えてあげることはマスト**です。書類のテンプレや雛形のようなことですね。そして、それを完全流用すれば間違いはないし、ちょっと自分なりに工夫しても大外れにはならないよ、と示しておきます。そこが2割の余白です。**若者は無駄なやり直しが大嫌いなので、答えを示しつつ工夫する余地も与え**

るというフォローが必要になります。

ＳＮＳ村社会での若者には「守破離《しゅはり》」の感覚が備わっていると言われます。例えばあるコミュニティに属するとき、最初は「型」にはまろうとするそうです。例えば、自撮りが流行だとすれば、自分も自撮りでアップします。これが守破離の守。そしていったん型にはまってから、ちょっとだけ独自の使い方を開発します。これが守破離の破。それが広まってブームになると、自分がコミュニティを立上げる。これが守破離の離。

要するに、**彼らがほしがっている答えというのは、ベースの「型」なのです。言う通りにしろと命令されたいわけではありません。**難しく考える前に「８割テンプレ」は提供してしまいましょう。２割の余白が、若者にとっては貴重なアイデンティティの発露。どう使って型を破るかは若者次第です。さらにそこからイノベーションが生まれたら、それはまさに離の境地。オトナにとっても儲けものです。

フラット目線

若者はお客様のためなら頑張れる

若者は「利他の精神」をナチュラルに持っています。SNSで多様な価値観や働き方を目にしてきた彼らにとって、**仕事は単なる食い扶持ではなく、何かのために役立つべきことになっています**。それが結局、世の中に必要とされている自分として跳ね返ってきて、社会欲求や承認欲求を満たすことになるわけです。とにかく稼げる仕事よりも、**社会の役に立つ「ソーシャルグッド」**。これがモチベーションになります。

営業職に就いている若者を見ていると、この感覚がよくわかります。ちょっと次の二択を見てください。

（1）150万円の広告枠を、200万円の枠にスペックアップして提案して、費用対効果を最大化できるよう努力する。

（2）150万円の広告枠があっても、相応の効果が出せるかわからないので

１２５万円に値引きする。

あなたは、どちらがビジネスとして正しい姿勢だと思うでしょうか？

若者は2を選ぶ傾向が強いように思います。そのほうが相手に対して誠実だし、**値引きして喜んでくれたらそれが満足**なのです。

そんな彼らに「とにかく２００万のスペックで提案を考え直せ」と言うと、「なんで無理やり高いものを売りつけないといけないのだ」と反発を招きます。

そんなときには「お客様にフォーカス」してコミュニケーションをとりましょう。お客様が望んでいることを実現するために、１５０万円の枠で十分なのか、不足なのか。**頭ごなしの２００万ではなく。意味を語る**。そこではじめて、会社の論理ではなく顧客目線の論理なんだと、彼らは納得し、やる気を出してくれるのです。

レスポンス

「フィードバック」はわかりやすく

ある人材コンサル系の営業課長（男性・38歳）のエピソードを紹介します。

彼は、「お客様からのメールは30分以内に返信すること」と職場の若者に指導していたのですが、それが実行されないことに悩んでいました。お客様視点に立って、その重要性を説いていたのにです。なんとなく職場には腹落ちしてない空気も漂っていました。

あるとき、彼は課会で『サザエさん』に登場する「三河屋のサブちゃん」を引き合いに出して語りました。サブちゃんは磯野家の家族構成はもちろん、波平さんやマスオさんのお酒の好みや、カツオくんやワカメちゃんの運動会の日程までしっかりと把握しています。なのでそのときにあった適切な商品を選ぶこともできます。しかも「そろそろお醤油が切れる頃ではないですか？」と、商品が品切れするタイミングまで熟知しており、お客様がそろそろほしいと思う絶妙なタイミングで声掛けします。**めちゃめちゃ気が利く御用聞き**です。彼は、「みんな、サブちゃんみたいに気が利く営業マンになりたくないか？」と問いかけたのです。

これで、彼の部下の目の色が変わったとのこと。その後はメールの遅延もなくなりました。また**若者がちょっとでもいい動きをすると「サブッてるね」とすかさず褒め、今ではメンバーの「サブッてるポイント」をカウントし、壁に張り出しています**。

先ほど、お客様のためなら頑張れるソーシャルグッドな若者に、意味から語ろうと提案しました。彼の事例は、その上級編といえます。彼は**「サブちゃん」を使って仕事の意味やビジョンをうまく共有し、若者のやる気を引き出しました**。それだけでなく、その方針を可視化してフィードバックしています。

若者の日々の仕事ぶりへのレスポンスは極めて重要。ちゃんとフィードバックしてあげることは、彼らのモチベーションに大きく影響しますし、成長にも寄与します。

やっぱりオトナが頑張らないと……

ただでさえ忙しいのに、ああしなさい、こうしなさいと言われるのは、なかなかつらいものです。このメソッドも、若者の取り扱いに困ったオトナが少しでも楽になるように、負荷を増やさないようにと思ってまとめたつもりです……が、やはり難しいところもあります。

職場のオトナと若者は、お互いにすれ違っているのですが、若者がオトナの側に立ってアジャストしてくれることは、ほぼありません。オトナが若者のほうに降りていくほうが、今のストレスや面倒くささを軽くする近道なのです。

ただ、ここまでを通じて、よくわからない存在だった若者の解像度がきっと上がっているはずなので、随分と気も楽になっていると思います。

最後にもう一度、この章で紹介したコミュニケーションメソッドを総括して図にまとめました。ぜひ活用してください。

3×3のコミュニケーションメソッドまとめ

一般的マネジメントセオリー	若者とのコミュニケーションキーワード		
	一人ひとりを意識した個人レベル対応	上から目線でないフラット目線	レスポンスの重要性
1stSTEP まず関係性を作る	呼び方を意識する	フォロワー感	一言即レス
2ndSTEP 共感を育み、心理的安全を提供する	プチ褒め プチ感謝	①イエローカードの基準 ②ダメ出し&フォロー	感想というアウトプット
3rdSTEP 内発的動機に点火する	8割テンプレ 2割余白	お客様のため=意味語り	わかりやすいフィードバック

「ダメなら辞められても仕方ない」という線を引こう

最後の最後に爆弾発言。

「ダメなら辞められても仕方ない」という開き直りも持っておきましょう。「え？　じゃあ、ここまでのコミュニケーションメソッドって何だったの？」と、椅子から転げ落ちそうになった方もいるかもしれません。しかし、この開き直りは「オトナの御守り」です。**なんでもかんでも若者の感覚に合わせればいいというのは間違い**ですし、意図するところでもありません。オトナがある程度ＳＮＳ村社会の思考を理解して歩み寄っていくことは必要なことですが、それは若者の言いなりになることとは違います。いくら**「テンプレがほしい」と言われても、「ここで与えてはいけない」とあなたが思うのであれば、与えるべきではない**のです。

結局、それで若者が突然辞めるとしたら元も子もないと思うかもしれませんが、「ここまで歩み寄ってダメなら辞めてもらっても構わない」という線引きが必要だと思います。当たり前ですが、**若者を辞めさせないために働いているわけではない**のですから。

マネジメント層の人たちからよく聞くのは「辞めてほしくないやつほど急に辞める」という話です。裏を返せば、「辞めても構わないやつほど残る」。つまり、**ぶら下がり社員も多い**ということに他なりません。

オトナは、可能な限り若者をケアし、育てていく責務を負っています。ここは前提として間違えてはいけないところです。ただし、やるべきことをやったうえで、なお若者が「辞める」と言うならば、それをいつまでも気に病んでいても仕方がありません。そういう気持ちの切り替えが、オトナにとっては大切なのではないでしょうか。

第5章

令和における職場は
プラットフォーム化する

職場のオトナの当たり前が、実はおかしい

職場の若者が「取扱注意」すぎる。働き方改革に歩調を合せなければいけないという負荷も相まって、職場におけるオトナの気疲れはピークに達している。そんな問題意識を感じて本書をここまで書いてきました。ＳＮＳ村社会を住み家とする若者の生態に接近し、そんな彼らへの接し方についても考察しました。そして、いくつかのコミュニケーションのヒントを提示してみました。そういった意味では、第１章から第４章で本書の役割は果たしたと言ってよいかもしれません。直接的な若者のトリセツを欲していた読者の方は、ここで本書を閉じていただいてもかまいません。

最終章では、会社であったり職場であったり、働く人たちが集う空間について、少し俯瞰的な視座でアプローチしていきたいと思います。オトナvs若者という職場の対立構造を越えた、**職場ってそもそもなんなんだ？　これからどうなるんだ？**という

ことをテーマにして語っていきたいのです。

兎にも角にも、まず言及せざるをえないのは、**日本の管理職（特に大企業のホワイトカラー層）のマネジメントスキルがそもそもイケてないという事実**です。本書は、自分も含めて職場におけるオトナの悶々に寄り添ってきました。しかしながら、自戒もこめて客観的に評価すると、**日本のオトナは、日本型雇用慣行の上にあぐらをかいてきたおかげで、職場マネジメントを磨く必要がなかった**のです。

日本型雇用慣行は、世界的に見ても非常に特徴的な雇用システムと言われていますが、戦後の高度経済成長を支えた成功モデルです。一時代を築いた成功体験を変革することが困難であるのは世の常。**働き方に関する昭和の価値観が、令和の職場で負の遺産としてこびりついているのです。**

終身雇用・年功序列・企業内組合の意味

改めて、「日本型雇用慣行」について、さっくりと振り返っていきましょう。

アメリカの経済学者ジェームズ・アベグレンが、著作である『日本の経営』において、戦後における日本企業の発展の源泉を、「終身雇用」「年功序列」「企業内組合」の3つであることをつきとめ、これを「日本型雇用」と定義しました。

「終身雇用」とは、ご存知のように定年までの長期雇用慣行を指します。ちなみに「終身雇用」の名付け親も、実はアベグレンです。

「年功序列」とは、年度ごとの定期昇給を実現する日本独自の賃金システムとして解説されることが多いのですが、労働経済学では、年功賃金＝実質的な後払い賃金を指します。後払い？ と思う方も多いでしょう。簡単に言うと「高年齢になってから手厚く報酬を支払うから、若いうちは低賃金で働いてもらうで」という制度。それが「若い頃に会社に賃金を貸しているわけやし、取り戻すまでは辞められまへんな」という、労働者の思考につながります。実は**離職を抑止する機能を合理的に果たしていたのが年功賃金**なのです。

そして「企業内組合」。なぜ組合のあり方が日本型雇用につながるのか、ピンとこない人も多いのではないでしょうか。欧米で労働組合というと、職業別、産業別など企業横断的な組織形態が一般的でした。しかし日本では、企業や事業所ごとに労働者を組織する「企業別組合」がほとんど。企業内組合の場合、会社の発展という大義のために、労使協調路線で生産性向上や待遇改善などに取り組むことになりがちです。こういう性格が、終身雇用、年功序列と並んで、日本的な雇用のひとつに組み入れられる所以です。

要するに、**日本型雇用の特徴とは、会社と労働者の運命共同体的関係を指します。**一蓮托生で絆が強いのです。

だって家族なんだもん。マネジメントいらないっしょ

日本型雇用慣行は、メンバーシップ型雇用ともいわれています。このシステムで働く労働者は、労働経済学では「無限定社員」と呼ばれます。「無限定」という言葉も一瞬、なにそれって感じですが、つまりは**職務範囲や働く時間、勤務場所の限定がない**のです。

企業は「うちの会社に就職したら一生安泰やで」という安心感を提供する一方で、労働者は「雇って（＝守って）もらってるわけやから、会社の都合で、どんな配置転換にも従いまっせ」という義務を負う。不本意な部署への配置転換だろうが、全国津々浦々の（場合によっては海外の）勤務地への転勤であろうが、基本的に拒否することはできません。**「なんでもやりまっせ。いつでも働きまっせ」がまかり通ってきました**。

まさに一蓮托生です。思わず「近っ！」って言いたくなるくらいの距離感。簡単に

言うと**日本の職場は「家族」**なんです。家族という安心無二のユニット。家族だから必要以上に気をつかわない。家族だから無理も通る。そこには**戦略的なマネジメントもなければ、意図的なコミュニケーションもありません**。上司からすると、めちゃめちゃ楽な職場です。そういう状況に慣れているオトナは、部下にも同じように無理を言って当然。こういう空気が脈々と流れているのです。

先述した「日本における職場のオトナがイケてない」理由は、まさにここにあります。**日本の管理職層は、メンバーシップ型という極めて安定した雇用システムの上に、のっかってきたのです**。しかもこの風潮は、バブルが崩壊し、デフレの時代が長く続いた時代でも残っています。企業側が従業員に対して、年功序列や終身雇用を保証することが難しくなったにもかかわらずです。むしろ不透明な時代の中で、**長時間労働の常態化やブラック企業の台頭などを生み出した、ある意味での真因となっている感さえあります**。

要するに、都合のいい働かせ方だけ残っているわけです。

職場の「絆」は「鎖」と表裏一体

「会社の仕事なんだから、100%頑張ろうぜ」
「会社の飲み会なんだから、参加するのは当たり前だろう」

こうした姿は、**オトナのほうが若者に対して「もっと職場にグイグイ来てくれよ」と愛を求めている**感じがします。帰属意識やロイヤリティといった言い方をしますが、つまるところ「こっちを見てくれ」というようなものです。今どきの若者はワークライフバランス重視だから、と嘆くのはお門違い。

「今の若いやつらは、構ってほしくてしょうがないんだ。甘ったれだから」などと言っているオトナのほうこそ、実は「カマチョ」なんじゃないでしょうか。ある意味で、無意識のうちに若者たちを縛り付けていることを自覚すべきです。**オトナが「絆」と思っているものは、若者からすれば縛り付ける「鎖」のようなものです。**

こちらが「結婚すると思ってたのに！　一生一緒にいるつもりだったのに！」といくら訴えても、あちらは「いやいや、付き合ってはいるけど、そこまで決めてないし」と素っ気ない。そういうときに束縛の鎖を、これでもか、これでもかと投げてこられたら、かえって逃げたくなるのも当然でしょう。付き合っている男女の結婚を前にした悩ましい関係というか、非常に切ない状態です。

ここで改めて整理します。日本型雇用システム＝メンバーシップ型雇用は、職場の家族的関係性を育んでいきました。その副作用として、純然たるマネジメント力の熟成を阻んでいったのも事実です。また**マネジメント力やコミュニケーション力を磨かなければならないという自覚の芽生えさえも摘んでしまった**のです。

私たち日本のオトナ世代は、今どきの若者云々と言っている場合ではなく、目を覚まさないといけない、というのが実情です。

ジョブ型雇用がスタンダードに？

「メンバーシップ型雇用」と対比されるのが「ジョブ型雇用」というシステム。**欧米などの諸外国では、このジョブ型といわれる雇用契約が主流です。**

ジョブ型雇用とは、自分自身の専門分野やスキルを活かして、職務や勤務場所を選択できる働き方です。ですから、自分の職務記述書に記載された内容や条件以外のことを行う義務は発生しません。労働者の職務と勤務場所が明確に定められているのです。**就社ではなく、まさに就職のシステム**といえます。

今まで語ってきた企業の都合のよさ（＝どんな仕事でも要望できる）を放棄することになりますが、メリットもあります。**そのメリットとは解雇のしやすさ**。企業側はこの職務記述書に書かれた職務を一方的に変更することはできないものの、企業の経済状況により、労働者に依頼していた仕事がなくなった場合、配置転換を行う必要がありません。逆に労働者は景気の動向によっては失業するリスクがあります。

労使におけるオトナの関係ともいえるでしょうか。

そういう文脈もあって、日本でもジョブ型の雇用システムは注目されています。厚生労働省は産業競争力会議で、ジョブ型雇用の働き方を拡大した新たな「日本的就業システム」の構築の必要性を提唱しており、メンバーシップ型雇用からジョブ型雇用へ移行が必要と判断しています。**無限定ありきの正社員雇用と非正規雇用の間に位置する働き方を確立し、二極化した雇用をその中間に収斂させようとしている**のです。

同一労働同一賃金は、職務制を基本としているジョブ型雇用と相性がよいとされています。またこのジョブ型雇用は、女性や高齢者を積極的に活用する「一億総活躍社会」とも相性がよいとされています。**職務内容や勤務場所を限定した働き方は、ブラック企業の抑止や過労死ラインぎりぎりの長時間労働の防止にもつながると期待されているのです。**

職場と個人の距離感問題

なんだかジョブ型雇用ってよさ気じゃないですか。日本も、そういうふうに変わるべきじゃないですか。マクロ的な解説をすると、そんな発言も出てきそうですが、実はそんなに簡単じゃないのです。

これまで語ってきたように**メンバーシップ型は、職場マネジメント層にとっては、すごくラクチンなシステム**です。なにせ無限定ですから。一方で、ジョブ型は限定ありき。厳格に運用しようとすると、今の日本のオトナにとっては、直雇用というより間接雇用、いわゆる派遣スタッフを雇っているような感覚に近いかもしれません。エクセル処理などOA業務をお願いしている派遣スタッフにお客様へのお茶出しをお願いすることは禁止されていますよね。アレと同じです。

そういう働き手が多数派になったら、業務設定や指示出し、納品確認など、今よりも俄然的確さが求められます。コミュニケーションにも一定の距離感が生まれます。そういう距離感の中でモチベーションを高めるといった工夫が必要にもなるでしょう。**ジョブ型雇用が当たり前になると、オトナの職場力(=マネジメントもコミュニケーションも含めたスキル)が問われます**。間違いなく。

しかし、そういう変化はオトナの成長を促します。私も含めて職場のオトナが大人になるチャンスかもしれません。

結局のところ、**職場(=会社・仕事)と個人のほどよい距離感こそが、大事なのだと私は思っています**。

「24時間戦えますか!」というCMが流行したのは、まさに平成の初期。かつては、職場(ワーク)の輪とプライベート(ライフ)の輪がぴったり重なってしまうような「距離ゼロ」が当たり前でした。しかし、今の若者たちにとって2つの輪は離れていて当然です。

もちろん、**仕事と人の距離感は人によってそれぞれ**です。どういう距離がよいという正解があるわけでもありません。今の時代でも、生活のほとんどを職場に捧げたいという若者だって、いるかもしれません。時短がいいとか、週に3日のパートタイムがいいという人だっています。いや、そういう時間的な捉え方ではなく密度的に捉えて仕事をしている人もいるでしょう。

本来、ワークとライフの距離感は人によってバラバラです。そういう**一人ひとりの距離感が尊重されるべき時代になった**ということです。だから「もっとグイグイ来てくれよ＝距離を縮めてくれよ」というオトナの一様な要求は、もはやフィットしないのです。

社員にはバイト的距離感、バイトには社員的距離感

この章の最初にも少し触れましたが、日本型雇用慣行は、日本の労働市場全体からすると限られた領域の問題といえます。ホワイトカラー×正社員を中心とした局所的

な職場にはびこっているだけと言えば、そうとも言えます。

実は、こうした**一人ひとりの働く距離感を、うまく掴んで運用しているのは、アルバイトの職場**のほうです。もともと、飲食業や小売業などサービス産業の現場では、アルバイトやパートといった雇用が主戦力です。働いているのも学生、主婦、シニア、外国人と多種多様。**日本の大企業のホワイトカラーの職場と比べ、はるかにダイバーシティ化が進んでいます**。

こういう職場では、一人ひとりの働くニーズに耳を傾けないと、立ちゆきません。また、働き手に対して過剰な期待感を抱くことはなく、どこまで求めていいかというラインも把握できていました。

ところが、画一的な新卒採用を行ってきたホワイトカラー企業では、なかなかそれができずにあたふたしているわけです。日本型雇用慣行が根強く残っているのもこちら。**大企業に勤めるオトナは、ぜひサービス業のデキる店長のマネジメントを学んでほしい**と思うくらいです。

今、人材マネジメントに成功している企業や職場に共通しているのは、働くことと個人の距離のアジャストが上手だという点でしょうか。一言で言うと**「社員にはアルバイトに対するような、アルバイトには社員に対するような」距離感を創り出している**というか。

正社員だからといってガチガチに縛ることをせずに、一歩引いた緩やかな接し方をすることで、若者たちは伸び伸びと働き、成果を出す職場があります。

一方で、アルバイトに対して、社員並みのレベルで接する職場があります。もともとは社員にしか説明していなかったようなことも丁寧に伝えて、社員と同じような研修を施すことで、モチベーションが上がり、アルバイトでありながら責任ある仕事をこなしてくれているようです。

アルバイトに対して「どうせバイトだから……」という意識を持っている職場は、すぐに人が辞めていき、いつも人手不足に悩んでいます。また「正社員だから無茶な剛速球を投げ込んでも受け止めてくれるよね」という職場も当然人が辞めていきます。

雇用形態への偏見にとらわれず、距離感をアジャストすることこそ重要なのです。

そして時代は、ブーカの世界

ここまでは、働くと個人の距離感の話をしてきました。ここからは、近未来における働く場所の境界線について、考えていきましょう。

ブーカという言葉をご存知でしょうか。**VUCAという4つの頭文字から取った言葉で、現代のカオス化した経済環境＝「予測不能な状態」を指します。**

V　olatility（変動性）
U　ncertainty（不確実性）
C　omplexity（複雑性）
A　mbiguity（曖昧性）

現代の経営環境や個人のキャリアを取り巻く状況を表現するキーワードと言われますが、もともと１９９０年代にアメリカの軍事領域において用いられてきた言葉のようです。経済、企業組織、個人のキャリアにいたるまで、ありとあらゆるものを取り巻く環境が複雑さを増し、将来の予測が困難な状況になってきた２０１０年代に入って、世界の経済界各所で「ＶＵＣＡの時代」が到来したといわれるようになりました。

例えば世界の家電市場を席巻していたにもかかわらず、いまや衰退傾向にある日本の電機メーカーは、ＶＵＣＡを象徴するひとつの例かもしれません。１９９８年にシャープは「ブラウン管テレビをすべて液晶テレビに置き換える」と宣言しました。その宣言通り２０００年代にシャープは過去最高の売上である３兆４１７７億円を計上するなど世界有数の電機メーカーとなります。しかしこの状況は２０１０年代に入ると一変し、２０１１年頃から経営不振に見舞われ、ついには鴻海に買収されるという結果にいたりました。

テクノロジーの進化だけではありません。グローバル化、ダイバーシティ、働き方改革の推進も、ＶＵＣＡの環境を加速させます。

多様化とボーダーレス化で会社の壁は崩壊する!?

正解がなく変化も速い。複雑で先が読めない。だからこれまでの知識や経験が通用しにくい。外的な変化への対応力も求められますが、チームや組織といった内的環境も激変するわけです。

現に、いくつもの新しい動きがあります。

ソフトウエア開発大手の「サイボウズ」は、１００人いれば１００通りの働き方があってもいいという方針のもと、極めて柔軟な働きかたを実現。自社システムによってテレワークをフル活用しながら、本当に従業員一人ひとりが望む人事制度を運用しています。

また、全国で60店舗以上を展開する、食べるスープの専門店「スープストックトーキョー」は、「働き方開拓」と称してさまざまな人事制度を実践。ピポットワークというユニークな複業制度も運用しています。

スープストックトーキョーに限らず、外食業界では「在宅店長」という取り組みも広がっています。リアルなサービスを必要とする職場空間において、店長が自宅で指揮を執るって可能？　と思う方もいるかもしれません。しかし飲食店においてもテレワークが試されているのです。

さらに進んだ構想もあります。小売業界の複数企業が、同業と手を組んでお互いの従業員を貸し借りするコンソーシアムを立上げようとしているのです。自社だけで雇って囲うという概念から、はみ出してきていますよね。

ある人材サービスでは、雇用されているスタッフを対象に、埋まりきっていないシフトを案内するシステムを運営していますが、ゆくゆくは雇用されていない一般の人にもその情報を提供して、スポットワーカーの市場を創ろうと目論んでいたりします。シフト管理に頭を悩ませるコンビニ業界なんかにとっては、ありがたいかもしれません。こういう働き方が一般化したら、全国に６万店舗あるコンビニエンスストアを渡り歩きながら生きていくといった人だって現れるかもしれません。

職場におけるＶＵＣＡの時代。テレワークや副業だけでない多様な働き方が実践される世界、つまり会社や職場という境界線がどんどん曖昧になってくる世界は、もうすぐそこまで来ているのです。

職場はプラットフォーム化する
人材はオープンソース化する

今までの企業組織は、物理的な意味で「働く場所」であり、また人的ネットワークやコミュニティでもあったわけです。しかし、ＶＵＣＡ的な劇的な構造変化が押し寄せてくる中で、企業組織がこの２つを同時に満たすことはなかなか難しくなっていくでしょう。

比較的、結びつきの強い少人数のグループが、帰属する多様なネットワークの上で、目的に応じて柔軟に結びついて連携していく。会社や職場の境界線がなくなる。これはＶＵＣＡ時代の必然と言ってもいいでしょう。

こういうトレンドは若者の志向ともフィットしています。第３章でも述べたように、若者は組織の枠にとらわれない「プロジェクト型」の志向です。

彼らは、**自分の人生をより輝かせるための社会貢献や自己実現を重視しています**。そうした目的を達成するために、彼らは休日や平日の夜などに多くの活動を行っています。それら「とても大事なこと」ができなくなってしまう会社に勤めることはまっぴらごめんなのです。

若者たちは別に、企業というシステムを軽んじているのではありません。自分なりにいい仕事をして、企業に寄与したいとは思っています。ただ、その企業から「うちだけにして」と言われることに、もはや馴染めないのでしょう。縛り付けられず、さまざまなコミュニティや複業を通しての自分のアイデア実現を応援してもらえるような場であれば、彼らがそこを去る理由はありません。

だとしたら、**これからの企業は、他社と人材を共有するくらいの意識でいるほうがよくはないでしょうか**。働き手を縛り付けずに、あちこち壁を乗り越えていってもらい、自社にとっても他社にとっても、いい結果をもたらしてくれる。むしろ、会社間や職場間を自由に行きかう若者たちを上手にシェアすることが、企業として勝ち残る重要なポイントになるのではないでしょうか。

令和の職場は、そんなプラットフォームのような構造になっていくのでしょう。同時に、人材を抱え込むのではなく、オープンソースとして捉える未来がやってくるのでしょう。

私たちオトナは、そのとき、どのように働いているんでしょうか。

人材を自社から逃がさないように縛ろうとするのは、まったくもってナンセンス。もはや、若者が辞めるとか辞めないとかは、まったく意味をなさない。そんな職場には、私たちが日々感じているストレスはなくなるのでしょうか……。

少なくとも、今どきの若者は……と嘆く日々でないことを願っています。

おわりに

海外の書籍には、よく冒頭に「●●に捧ぐ」という文言がありますよね。正直言って、アレの意味がわかりませんでした。いやいやアナタが書いた本を読むのは、●●さんだけじゃなくて、自分だって読むわけで。今からアナタの世界に感情移入していこうとする矢先に、なんだか腰を折られるというか。

しかし、実は今回、そういうふうに思う人物がひとりいます。本書の企画が立ち上がって、かれこれ丸1年、ずっとその人がアタマの中にいました。

彼は、5つくらい年下の元部下。一昨年、若くして亡くなりました。

我々は、『FromA』というアルバイト求人誌の仕事で机を並べていました。当時、毎年「若者調査」という調査を実施し、また「フリーター白書」なる若者生態図鑑のようなアウトプットも出していました。彼は、その実務担当者でした。

企業や自治体から、お声がかかり「今どきの若者」について、ふたりで語りに行きました。経済産業省にも呼び出されて、若者についてのレクチャーをしたこともあります。そういった意味では、当時の『FromA』は、若者を論じるひとつの「極」だったのではないかと自負しています。アカデミックでなかったけど、リアリティはあったのではと（苦笑）。

『FromA』から若者について発信をすることは、減っていきました。少子高齢化という時代背景も手伝って、自分ですら働く主婦について語るべきだと思うようになっていました。しかし彼は、ブレていなかった。在職時は、ずっと若者を追っていました。『FromA』というブランドが約束すべきことに一途でした。

本企画が動きだし、若者の生態図鑑的なコンテンツを入れ込もうとアイデアが出たとき、最初はすごく消極的でした。

そもそも筆をとったのは、「はじめに」でも書いたように、職場における不幸で不毛なすれ違いを解消したいという動機からです。面白さより実践的なメソッドのほうが目的にも合っています。しかし、一方で心の奥底では自信がなかったんだと思います。若者の観察は続けていたものの、若者を切り取ってアウトプットするにあたり、自分のナイフは錆びてないだろうかと。今、若者を語るとしたら、古市くんがいるじゃないか。原田曜平さんだっているじゃないか、と。そうそうたる大御所と比較してもアレですが、とにかく乗り気ではなかった。

そんなときに背中を押してくれたのが彼です。

若者についてアレコレと一緒に考えて、ときには強引な解釈をしてみたり、意見が割れたり。でも共通していたのは、「若者ってめんどくさいけど面白い」という価値観でした。我々は、若者のことが結構好きでした。そんな若者が、今、職場でヤバい存在になっているわけです。若者シンパだったはずの自分でさえ、「今どきの若者は……」と口にしている。

そう考えると、ロジカルなビジネス書より、解決策だけのノウハウ本より、今どきの若者にできるだけ接近して、彼らへのシンパシーを感じられる仕立てのほうがいい、と、俄然思えてきたのです。誰よりも自分がいちばん、若者に再び共感したかったのかもしれません。おかげで第3章が、いちばん分厚くなってしまいました（笑）。

極めて個人的な、そして感傷的な締めくくりになってしまって申し訳ありません。彼のことを書くべきか書かないでおくべきか――。自分も「過剰忖度」と「相対的自意識」の間で葛藤しました。まるで今どきの若者みたい。でもどうしても触れたかったし、感謝のことばを発したかったのです。ありがとうユキヒロ。

これからもライフワークとして、今どきの若者を追っかけようと思います。なぜなら、やっぱ彼らが好きだから。

平賀充記

（ひらが・あつのり）

ツナグ働き方研究所所長。株式会社ツナググループ・ホールディングスエグゼクティブ・フェロー。

1963年長崎県生まれ。同志社大学卒業。1988年、株式会社リクルートフロムエー（現リクルートジョブズ）に入社。人事部門で新卒採用を担当後、「FromA 関西版」「FromA 東海版」創刊に携わり、その後「FromA 東海版」「FromA 関東版」の編集長を歴任。2008年からは「FromA」「FromA_NAVI」「タウンワーク」「とらばーゆ」「ガテン」など、リクルートの主要求人媒体の全国統括編集長を務め、2009年にダイバーシティ転職サイト「はたらいく」を立上げ。2012年、リクルート分社化で株式会社リクルートジョブズ、メディアプロデュース統括部門担当執行役員に就任。

2014年に同社を退職、株式会社ツナグ・ソリューションズ取締役に就任。2015年には、パート・アルバイトを中心とした「多様な働き方」のシンクタンクであるツナグ働き方研究所を設立、所長に就任。正規、非正規や性別、国籍などの枠組みにとらわれない働き方の実現に向けて、リアルな職場の現状を調査、レポートし続けている。

30年以上にわたり「職場の若者」を見続けてきた経験で、若者の採用とマネジメントに関するコンサルティング、セミナーが好評を博す。「東洋経済オンライン」「読売新聞オンライン」などウェブメディアへの寄稿も多数。

著書

『非正規って言うな!』（2016年、クロスメディア・マーケティング）

『サービス業の正しい働き方改革　アルバイトが辞めない職場の作り方』（2017年、クロスメディア・マーケティング）

『パート・アルバイトの応募が殺到！ 神採用メソッド』（2019年、かんき出版）

ツナグ働き方研究所

tsuna-ken.com

なぜ最近の若者は突然辞めるのか

発行日　2019年6月3日　第1刷

著者　平賀充記

本書プロジェクトチーム
編集統括　柿内尚文
編集担当　中山景
編集協力　中村富美枝、安藤賛
デザイン　大場君人
イラスト　藤原未央
DTP　藤田ひかる（ユニオンワークス）
校正　小暮謙作
協力　萩原純一

営業統括　丸山敏生
営業担当　石井耕平
営業　増尾友裕、池田孝一郎、熊切絵理、大原桂子、矢部愛、桐山敦子、綱脇愛、寺内未来子、櫻井恵子、吉村寿美子、矢橋寛子、遠藤真知子、森田真紀、大村かおり、高垣真美、高垣知子、柏原由美、菊山清佳
プロモーション　山田美恵、林屋成一郎

編集　小林英史、舘瑞恵、栗田亘、村上芳子、堀田孝之、大住兼正、菊地貴広、千田真由、生越こずえ、名児耶美咲
講演・マネジメント事業　斎藤和佳、高間裕子、志水公美
メディア開発　池田剛、中村悟志
マネジメント　坂下毅
発行人　高橋克佳

発行所　株式会社アスコム

〒105-0003
東京都港区西新橋2-23-1　3東洋海事ビル
編集部　TEL：03-5425-6627
営業部　TEL：03-5425-6626　FAX：03-5425-6770

印刷・製本　中央精版印刷株式会社

Printed in Japan ISBN 978-4-7762-1023-8